# 国际化大都市城乡融合发展热点问题研究

上海市农业农村委员会秘书处 编著

上海财经大学出版社

## 图书在版编目(CIP)数据

国际化大都市城乡融合发展热点问题研究 / 上海市农业农村委员会秘书处编著. -- 上海：上海财经大学出版社, 2025. 7. -- ISBN 978-7-5642-4737-9

Ⅰ. F299.275.1

中国国家版本馆 CIP 数据核字第 2025QE2447 号

□ 责任编辑　刘　兵
□ 封面设计　张克瑶

### 国际化大都市城乡融合发展热点问题研究

上海市农业农村委员会秘书处　编著

上海财经大学出版社出版发行
（上海市中山北一路 369 号　邮编 200083）
网　　址：http://www.sufep.com
电子邮箱：webmaster@sufep.com
全国新华书店经销
上海华教印务有限公司印刷装订
2025 年 7 月第 1 版　2025 年 7 月第 1 次印刷

710mm×1000mm　1/16　10.5 印张（插页：2）　117 千字
定价：68.00 元

# 目录
CONTENTS

1. 上海率先基本实现农业现代化研究 …………………………（1）

2. 深化改革推进集体经济高质量发展研究 …………………（24）

3. 加快促进农民收入增长研究 ………………………………（34）

4. 全面推进乡村振兴探索国际大都市城乡融合发展新路子
    ——上海百村万户大调研报告 ……………………………（47）

5. 清美集团做足"鲜"字文章助力乡村振兴 …………………（66）

6. 嘉定区农村集体经营性收入位居全市榜首的调研分析 ……（71）

7. 浦东新区探索农业产业化联合体发展新模式初见成效 ……（76）

8. 奉贤区发展"百村"系列公司的探索与实践 ………………（81）

9. 嘉定区建成4 000亩无人农场为农业现代化探出新路 ……（86）

10. 松江区十五年持续发展家庭农场情况的调研报告 ………（89）

11. 关于对本市三个特色典型示范村建设运营情况的调研报告
    …………………………………………………………………（98）

12. 从"卖稻谷"到"卖大米"向"卖品牌"转变
　　——上海探索拓展稻米全产业链发展初见成效 ………… (115)

13. 松江区创新完善稻米全产业链保险体系助力绿色高质量发展
　　……………………………………………………………… (121)

14. 金山区坚持"五好"做法发展精品农业、品牌农业成效初显
　　……………………………………………………………… (126)

15. 金山区持续创新农业农村保险为国家乡村振兴示范区(县)
　　建设保驾护航 ………………………………………………… (131)

16. 上海探索盘活农房资源打造乡村人才公寓 ……………… (137)

17. 嘉定区马陆镇农村集体经济布局"产医融合"新赛道探索高质量
　　发展新路径 …………………………………………………… (145)

18. 关于分类促进农民持续增收问题的调研 ………………… (150)

19. 奉贤区柘林镇创新探索"椿萱庭"模式打造农村嵌入式宅基养老
　　"柘林样板" …………………………………………………… (156)

20. 松江区做强花卉产业服务城市高品质生活 ……………… (160)

# 上海率先基本实现农业现代化研究

党的二十大报告擘画了建设"中国式现代化"的宏伟蓝图,提出要加快建设农业强国。农业现代化是中国式现代化的重要组成部分,上海作为社会主义国际大都市,理应在全国率先基本实现农业现代化,探索走出一条符合超大城市发展规律的农业现代化实现路径,谱写新时代都市现代农业发展的新乐章。根据2022年11月4日陈吉宁书记在市委常委会上关于做好"三农"工作的讲话精神,课题组组织力量开展了调研。

## 一、上海农业现代化建设的总体情况

### (一)主要特点

历届市委、市政府高度重视发展都市现代绿色农业,着力推进农业供给侧结构性改革。据官方统计数据、行业公开资料和全国权威测评结果显示，上海的农业现代化建设在全国处于"排头兵"地位。2016—2020年，受农业农村部委托，中国农业科学院根据《国家现代农业示范区农业现代化水平评估指标体系》，每年对全国31个省（自治区、直辖市）进行测评，2020年上海农业现代化水平得分为84.37分，位居全国第一。2017年起，受农业农村部委托，上海交通大学持续研究并发布《中国都市现代农业发展报告》，覆盖4个直辖市、5个计划单列市、27个省会等36个大中城市，上海都市现代农业发展指数连续5年位居第一。

总体上看，上海农业现代化建设呈现出"三个稳定、三个提升、三个领先"的鲜明特点。

### 1. 地产农产品生产能力保持稳定

严格落实151.7万亩永久基本农田和202万亩耕地保护任务，锁定农业基本生产用地空间格局。地产农产品产量基本稳定，粮食播种面积稳定在170万亩以上，常年菜田面积稳定在34万亩以上，粮食自给率约15%，蔬菜自给率约40%，牛奶自给率约30%，猪肉自给率约8%，水产品自给率约25%。

### 2. 农业基础设施建设保持稳定

累计建成172.5万亩高标准农田，构建了集中统一高效的农田建设管理体制。累计建设14万亩设施菜田（含高标准设施菜田约9万亩），形成了一批具有示范引领作用的蔬菜生产基地。畜禽规模化养殖场占比达97%，已建设标准化水产养殖场18.6万亩。粮食烘干处理能力达2.97万吨/批次，区域性粮食烘干中心、农机库房和维修点等基础设施建设持续推进。

### 3. 农村基本经营制度保持稳定

在国内率先完成农村土地承包确权登记颁证,实现所有权、承包权、经营权"三权分置",共建立了78个农村土地流转公开交易市场,土地流转合同全部实现网签备案和用途管理。发展新型农业经营主体,着力打造新型农业经营主体带头人队伍,累计培育新型职业农民2.5万余人,年龄和教育结构持续改善。

### 4. 农业科技水平持续提升

大力发展种源农业,开展优势特色种源创新和种业关键共性技术攻关,2015—2021年农业科技成果共获得国家科技进步奖6项,其中"水稻遗传资源的创制保护和研究利用"获2020年度国家科技进步奖一等奖,项目成果在国内已累计推广11.9亿亩,经济效益达1 680.6亿元。191项农业科技成果实现转化交易;农业科技进步贡献率达80%,居全国前列。在国内率先开展水稻生产全程无人农机作业研究与试验,基本建成了近万亩水稻无人农场示范区;全市水稻生产综合机械化水平达98%,高出全国平均水平12个百分点。大力推进蔬果经济作物机械化生产,累计创建了27家蔬菜生产"机器换人"示范基地,综合机械化率达64.5%。

### 5. 农业规模化生产持续提升

全市农村承包地流转率达90%以上,位居全国第一,为农业规模化生产创造了良好的条件。培育区级及以上农业龙头企业190家(国家级农业龙头企业26家),2021年销售收入858.88亿元;共有一定经营规模的农民专业合作社2 538家(国家级示范社90家),带动农户13.31万户;共有各类家庭农场3 813家,户均经营规模154.99亩。以规模化生产为纽带,组建各类农业产业化联合体65家,有效提高了农产品市场竞争力。

### 6. 休闲农业发展持续提升

以扩大假日经济消费为导向,积极发展休闲农业和乡村旅游。全市已建成513个各类休闲农业和乡村旅游景区(点)、39个中国美丽休闲乡村、80家全国休闲农业与乡村旅游精品企业(园区)、397家获得证照的乡村民宿,涌现出了浦东新区"宿予"、崇明区"顾伯伯"、金山区"青檐"版画民宿等诸多市场美誉度高的乡村民宿品牌。通过美丽乡村休闲旅游行精品线路推介、海派农家菜大擂台、农事节庆活动等,提升乡村休闲旅游产业。

### 7. 农业投入力度领先

完善市区两级财政支农资金管理方式,实施"支农专项+任务清单",采取项目制与"以奖代补"相结合的办法,提高支农政策的实效性,单位耕地面积财政资金投入水平在国内各省市名列前茅。持续加大农业保险力度,全市已有22项险种享受政策保费补贴政策,实现"应保尽保",农业保险覆盖率居全国首位,农业保险深度达9.71%,远高于全国0.9%的水平。

### 8. 农业信息化水平领先

积极推进农业数字化转型,开发建设服务于生产者、消费者和管理者的系列专业性功能服务平台,基本建成"1+N+X+数字底座"的数字农业架构,实现"一图知三农、一库汇所有、一网管全程",走在全国前列,得到了国务院领导的肯定。全市规模以上的8 100多家经营主体均已实现入网直报,经营面积180多万亩,占比超过80%,基本实现农业生产信息动态实时更新。建成长江禁捕智能管控系统,实现了多部门联合的24小时"空天海陆"一体化监控全覆盖。

### 9. 农业绿色生态发展领先

实施农业投入品减量行动,化肥和农药实际施用量分别为5.77万吨和0.22万吨,较"十三五"末分别下降4.6%和8.3%。积极推进国家绿色发展先行区建设,加快创建生态循环农业示范镇、示范基地,全市秸秆综合利用率达98%,规模化畜禽养殖场粪污处理设施装备配套率已达100%。加强农产品质量安全监管,地产农产品绿色食品认证率达到30%,居全国首位。

### (二)发展特征

经过多年实践与努力,上海农业已初步探索出具有超大城市特色的都市现代农业发展模式,形成了三个明显特征。

#### 1. 农业体量虽小,但基础作用日益凸显

上海现有耕地243万亩,人均耕地面积仅为0.12亩,不足全国人均耕地面积的1/12。尽管如此,农业对上海城市保供的基础性作用不可替代,特别是在抗击疫情的"大上海保卫战"中,地产农产品特别是绿叶菜的有效供应,切实发挥了"子弟兵"和"稳定器"作用。同时,上海积极推动国有农业企业和域外农场建设,为保障超大城市经济社会发展和运行安全作出了重要贡献。

#### 2. 满足市民需求,农业功能多元化日益凸显

夯实农业的生产功能,加快产业提档升级,大力培育20个农产品知名品牌,组织开展地产优质农产品品鉴评优,推动绿色优质农产品生产者与新型零售企业建立产销对接合作机制,更好地满足了市民对"吃得好、吃得健康"的追求。据测评,上海农产品品牌发展指数从2020年的452提升到2022年的710,瓜果和畜牧水产品牌建设成

为农民收入增长的重要支撑。同时,拓展农业的生态和生活功能,通过加强农业的绿地、湿地等生态服务,传承弘扬传统优秀农耕文化,打造成可供市民享受休闲旅游、踏青度假、劳动研学等美好生活的国际大都市"后花园"。

**3. 农业产值虽低,但示范引领性日益凸显**

上海农业在全市国内生产总值(GDP)中的比重越来越低(由2015年的0.4%下降到2021年的0.23%),但在推动农业产业变革、实现跨越式发展方面,上海为全国起到积极的示范引领作用。比如,加强农业招商引资,2020—2021年实际到位资金约128.75亿元(2022年上半年新增社会投资122.17亿元,同比增长17.34%),引进了一批有国际影响力的农业领军企业,建设了一批现代化农业项目。又如,松江区在国内首创家庭农场生产经营模式,成功经验写入中央一号文件在全国推广,成为发展农业适度规模经营、提高农民收入的典范。

### (三)制约瓶颈

由于城镇化建设步伐的加快,上海城区边界不断向郊区农村拓展,对农业现代化进程的快速推进造成了一定的制约,主要瓶颈表现在三个方面。

**1. 资源要素持续紧缩,产业规模提升受限**

受土地、劳动力和环境等因素的制约,农业生产的规模难有提升空间。近十年来,水稻生产从追求数量向追求质量转变,茬口布局由麦(油)稻两季改成单季稻,播种面积减少了约40%;随着环保标准的提高,关停了一批生猪小散养殖户,猪肉产量减少了约60%。从农产品保供情况看,据第三方测算,上海在四个直辖市中排名第三,与天津和重庆的差距较大(天津、重庆的农产品综合保供能力在80%左右,上海在30%左右,北京在20%左右)。同时,各类有竞争力的市场主体数量不多,农村本地青壮年劳动力从事农业生产的意愿不高,种粮农民平均年龄近60岁,蔬菜等经济作物生产的老龄化现象更为突出,且外地雇工也多在50~60岁之间,农业生产仍未摆脱后继乏人的困境。

**2. 质量效益不够显现,产业融合水平不强**

尽管市民对绿色优质农产品的需求十分旺盛,但供需信息对接渠道还不够通畅,农民反映优质不优价,市民反映好产品买不到的情况时有发生。农业品牌体系建设、品牌标准制定、品牌营销策略等还不适应都市现代绿色农业高质量发展的需求,叫得响的大品牌相对缺乏,农产品品牌"多散小"的情况较为普遍,品牌溢价有限。农业"接二连三"的实力还不强,农产品精深加工企业数量、规模均有待提升,"农业+"文化、健康、教育等产业融合的培育还不够充分,难以满足市民更高层次的消费需求。

**3. 经营服务有待完善,创新活力仍需提升**

农业龙头企业、农民专业合作社与农民的利益联结机制还不健全;国家级经营主体数量还不多,大企业、大项目的带动作用不明显,没有形成产业集聚;农业社会化服务组织对小农户的服务覆盖面还不广;优化供应链、延长产业链、提升价值链等方面亟待大力推进;农业科技成果转化为现实生产力的水平还不高,种业创新与产业链融合深度仍不够,与建设具有全球影响力科创中心的城市定位不相称。农业节水灌溉、水肥一体化等设施装备能力不足,智能温室运营水平需提高。

归根结底,形成上述三大主要瓶颈的原因在于上海城市的虹吸效应强大,各类要素单向流动的持续惯性较难改变。农业农村为城市综合开发作出了巨大的贡献,但自身发展面临难以克服的瓶颈。

## 二、发达国家农业现代化发展的模式和经验借鉴

### (一)主要模式

纵观世界,发达国家的农业现代化道路有三种模式。

1. 北美模式

又称为"劳动节约型"模式,代表国家有美国、加拿大等国。这些国家土地广袤,地多人少,耕地充足,实行的是大农场经营模式。在实现农业现代化的过程中,一般是先实现农业机械化,然后探寻农作物品种改良,进而实现生物化及信息化。

2. 日韩模式

这些国家人多地少,可耕地面积少而分散,且有盐碱化的趋势,导致农产品普遍供给不足。在实现农业现代化的过程中,一般是先探寻农作物的品种改良,提高农作物的品质,强调精耕细作,然后逐步转入农业机械化。在这种模式下,政府对农业的投入较多。

3. 欧洲模式

英国、法国、荷兰为代表,这些国家的可耕地面积介于美国、加拿大和日本、韩国之间,农户经营规模处于中等水平。在农业现代化的过程中,欧洲国家将机械化、生物化、化学化及信息化置于同等地位。

总体上看,发达国家实现农业现代化,有六大共同特征:一是经

济发展水平和城市化率高,保障粮食和重要农产品有效供给的基础实力雄厚;二是农业劳动生产率或比较劳动生产率水平高,现代农业发展的物质技术装备先进;三是农业优质化、安全化、绿色化、品牌化水平高,农业及其关联产业优势特色领域国际竞争力和品牌影响力大;四是农业专业化、规模化、特色化水平高,农业产业化、产业融合化、产业链一体化发展的全球领先地位牢固;五是涉农产业分工协作、网络联动、优势互补水平高,涉农产业组织对现代农业发展的引领支撑作用明显;六是农业科技创新和产业创新水平高,现代物流和创新创业生态健全发达且可持续发展能力强。

对标国外农业现代化发展的情况,荷兰、日本的发展模式值得上海学习借鉴。

**(二)荷兰、日本对上海的经验借鉴**

荷兰、日本的农业最大特征是优质高效。荷兰农业劳动力占全社会劳动力的2%,农业增加值却占GDP的4%,农产品出口占总出口的25%。全国农业劳均产值4万多欧元,劳均出口3.3万美元。荷兰的第一产业劳动生产率和农民收入均高于第二、第三产业,农业大批出口、大把赚钱和大量缴税,成为国民经济的支柱产业之一。日本的农产品品优质佳,是精致农业的典范。日本都市农业仅占全国2%的农地,却贡献了8%的农业产值,农业的生产生态、抗灾防灾、文化传承、休闲体验等多元化功能在东京都表现得非常充分。两国的主要做法有以下四点。

**1. 依托高科技支撑**

日本十分重视利用人工智能、云计算实行农业全自动化管理;利用手机App操控,实现农田灌排水自动化。荷兰大力发展种源农业,利用基因技术在蔬菜、园艺新品种育种方面走在世界前沿,温室蔬菜彩椒单位产量高达50公斤/平方米,1公斤番茄种子价格远远高于1公斤黄金。

**2. 实现全产业链增效**

始终贯彻大食物观的理念,实行农林牧副渔结合,坚持农业与其他产业跨界融合发展,做到产学研一体,通过延伸产业链不断提升价值链。比如,荷兰绿港模式,从种子、育苗、生产到加工、贸易、物流、金融,农业关联产业高度集聚,形成了上下游紧密联系、一二三产业贯通的全产业链。同样,日本大力倡导一二三产业融合的六次产业发展,2017年六次产业总额达3.9万亿日元(约2 500亿元人民币),年均增幅4%。

**3. 培育高素质职业化农民**

在荷兰,农业生产是一个体面的工作,有较高的从业门槛,职业农民普遍具有较高素质,教授、博士当农民并不少见,只有取得农业大学毕业证书即绿色证书的人,才有资格成为农民。日本农业就业的最低门槛是大专毕业,农民的来源面向全社会,政府出台优惠政策吸引优秀人才到乡村当农民。此外,日本还注重发展农业产业化组织,通过组建各类产业联合体,把广大小农户联结起来,带动小农户实现农业现代化,接轨农业高质量发展。

**4. 重视农业社会化服务**

健康有序的市场环境催生了农业中介机构,使农业产前、生产过程及流通能够有效地衔接起来并连为一体。农业中介机构为农民提供了农业生产经营的各类社会化服务,包括技术、生产资料的购买、农业资金的支持、保险及信贷等各种服务。日本的农协就是这种社会化服务体系的标志性机构,这些机构为农民在农业生产资料购买、农产品的储存、加工及运输、出口贸易中提供了完整而有效的服务。

对照《国家现代农业示范区农业现代化水平评估指标体系》包含的农业物质装备水平、科技支撑水平、经营管理水平、质量效益水平、绿色发展水平和支持保护水平六类指标,上海在巩固现有成绩的同时,加快推进农业现代化,**应吸收荷兰、日本两国农业发展共同经验:**发展设施装备农业,突破资源瓶颈;专注优势领域,打造产业精品;发展农业合作组织,打造利益共同体;依托地缘优势,拓展农业功能。

## 三、上海农业现代化的功能定位和发展目标

### (一)功能定位

上海率先基本实现农业现代化,要牢记习近平总书记关于"四个放在"的殷殷嘱托(放在中央对上海发展的战略定位上、放在经济全球化大背景下、放在全国发展大格局中、放在国家对长三角发展的总体部署中),**进一步突出三大优势:一是市场优势。**上海坐拥全国最大的消费市场,是我国构建国内大循环和国内国际双循环的中心城市,农产品及其前端、后端产品的消费需求旺盛,流通渠道畅通。**二是要素优势。**上海作为超大城市和社会主义国际大都市,资金、人才、物资、信息等各类生产要素充沛,可以为都市现代绿色农业发展提供有力支撑。**三是重大战略优势。**上海作为世界观察我国的窗口,以及我国改革开放的前沿阵地,党的十九大以来,承担了中央交办的浦东社会主义现代化建设引领区、自贸试验区临港新片区、长三

角一体化示范区、进口博览会等一系列国家重大战略任务,政策和体制机制红利巨大。

基于这些优势,上海要围绕提升四大功能做好农业现代化这篇大文章:

(1) **提升生产保障功能。**随着市民收入的持续增长,对鲜活农产品的品种、数量、质量、新鲜度、营养等方面的要求在提高,对高品质农产品的需求在增强,郊区农村要为超大城市提供必要的且难以由外地提供的高品质农产品。特别是在节假日和公共卫生事件等特殊时间,农业保供给的任务更重,更要发挥对超大城市安全运行的保障作用。

(2) **提升生态涵养功能。**农业生产既提供鲜活农产品,也提供良好生态环境。一大片稻田就是一大片湿地,是上海生态涵养、生态净化的主体,是提升城市生态系统质量和稳定性、改善城市生态循环系统的关键。农林牧渔生产所依托的自然空间,发挥了水土保持、涵养水源、净化环境、生物多样性等作用,是城市的"绿肺"。同时,随着郊野露营等生活方式的兴起,农业发展所带来的"美丽环境",也为带动"美丽经济"的崛起搭建了优质平台。

(3) **提升创新服务功能。**通过科技为农业赋能,走高科技农业之路,使上海成为农业科学新发现、农业技术新发明、农业产业新方向、农业发展新理念的策源地,形成一批农业基础研究和应用研究的原创性成果,成为全球农业科技研发的高地。强化农业及其关联产业在空间上的叠加作用,加速产业融合发展,培育精深加工、教育科研、新型零售、会展交易、康养旅游、设计创意等生产型、生活型现代服务业,在服务的辐射度上下功夫,为"上海服务"品牌增光添彩。

**(4) 提升文化传承功能。** 上海是江南农耕文化的发祥地之一，广大乡村地区蕴含着许多优秀的传统乡土文化、民俗风情和农耕文明，承载着家乡味道、故土情结和精神寄托。要把这些承载上海历史、维系文化根脉的特色农耕文化遗产资源保留、保护好，使传统农耕文明的优秀遗存与国际大都市海派文化结合更为紧密。让乡村成为市民群众了解上海历史、体验农耕文化的载体，让活态的乡土文化传下去，成为记得住乡愁、留得下乡情的美丽家园和广大市民向往、舒心游憩的"后花园"。

**(二) 发展目标**

上海在全国率先基本实现农业现代化，最鲜明的特征是都市现代农业，最具优势的潜力是农业多功能拓展。上海农业的发展目标是：以绿色发展为引领，以品牌建设为抓手，以质量效益为根本，以坚持供给侧结构性改革为主线，以彰显经济、生态和美学价值为路径，把增加绿色农产品供应放在突出位置，强化要素、市场、主体配置，聚焦打造一批绿色田园先行片区，不断优化农业产业结构、空间布局和管理方式，提高土地产出率、劳动生产率、资源利用率，提高农业综合效益和竞争力，努力走出一条产品绿色、产出高效、产业融合、资源节约、环境友好的都市现代农业发展之路。

在完成国家农业现代化目标任务的基础上，上海都市现代农业应对标国际发达国家发展水平，对照实现农业强国目标，充分利用超大城市人才、技术、资本等综合优势，率先基本实现现代化，其主要标志为"五高一强"，即高投入、高科技、高品质、高产出、高效益、强主体。

到 2025 年的具体目标是：

(1)**高投入**。农业保险深度达到 10%，农业财政投入资金与农业增加值之比达 0.3。

(2)**高科技**。农业信息化覆盖率达 60%，设施菜田绿叶菜生产机械化水平达 60%，全国种业企业 50 强占 2～3 个。

(3)**高品质**。农产品绿色食品认证率达 30%以上，地产绿色优质品牌农产品占比达 70%。

(4)**高产出**。农业劳动生产率、单位土地产出率逐年提高。

(5)**高效益**。打造 3～5 个具有市场影响力的区域公共品牌，休闲农业旅游营业收入与农业增加值比达 0.5，主要农作物固碳（碳汇）保持稳定。

(6)**强主体**。新型经营主体、社会化服务组织不断壮大，农业产业化组织带动率达 95%，新型农业经营主体经营规模占比达 70%，高素质农民占比达 86%。

## 上海率先基本实现农业现代化指标一览表

| 序号 | 指标类型 | 指标名称 | 基期值（2021年） | 2025年国家目标 | 2025年上海市目标 | 备 注 |
|---|---|---|---|---|---|---|
| 1 | 国家规划目标 | 粮食产量稳定度 | 1.03 | >6.5亿吨 | ≥1 | 按照粮食播种面积考核任务计算，稳定在170万亩左右 |
| 2 | | 肉类产量稳定度 | 0.62 | >8 900万吨 | ≥1 | 努力完成 |
| 3 | | 农业科技进步贡献率 | 80% | 64% | 80%以上 | 已完成国家目标 |
| 4 | | 高标准农田面积占永久基本农田总面积比重 | 59.8% | 10.75亿亩 | 75% | 在永久基本农田范围内努力完成 |
| 5 | | 主要农作物耕种收综合机械化率 | 98% | 98% | 98% | 已完成国家目标 |
| 6 | | 农业废弃物综合利用率 | 98% | 80% | 99% | 已完成国家目标 |
| 7 | | 农产品质量安全例行检测合格率 | 99% | 98% | 99%以上 | 已完成国家目标 |
| 8 | | 农产品加工业与农业总产值比 | 2.5 | 2.8 | 逐年提高 | 努力完成 |

续表

| 序号 | 指标类型 | | 指标名称 | 基期值(2021年) | 2025年目标值 | 备注 |
|---|---|---|---|---|---|---|
| 9 | 高投入 | | 农业保险深度 | 9.71% | 10% | 农业财政投入资金以市级财政农业投入资金作为测算依据。 |
| 10 | | | 农业财政投入资金与农业增加值之比 | 0.25 | 0.3 | |
| 11 | 高科技 | | 农业信息化覆盖率 | 35% | 60% | |
| 12 | | | 设施菜田绿叶菜生产机械化水平 | 42% | 60% | |
| 13 | | | 全国种业50强企业数量 | 0 | 2~3个 | |
| 14 | 高品质 | | 农产品绿色食品认证率 | 27% | 30%以上 | |
| 15 | | | 地产品绿色优质品牌农产品占比 | 63% | 70% | |
| 16 | 高产出 | 上海对标国际发达国家和实现农业强国(市)指标 | 劳动生产率(按增加值计算) | 3.2万元/人 | 逐年提高 | 劳动生产率(万元/人):2019年以色列70.5,美国69.0,荷兰49.8,日本12.3。 |
| 17 | | | 土地产出率(按增加值计算) | 6.3万元/公顷 | 逐年提高 | 土地产出率(万元/公顷):2019年以色列8.2,荷兰8.6,日本9.4。 |
| 18 | 高效益 | | 具有市场影响力的区域公共品牌 | 2 | 3~5个 | |
| 19 | | | 休闲农业旅游营收入与农业增加值之比 | 0.3 | 0.5 | |
| 20 | | | 主要农作物固碳(碳汇) | 95万吨 | 保持稳定 | |
| 21 | 强主体 | | 农业产业化组织带动率 | 93.5% | 95% | |
| 22 | | | 新型农业经营主体规模占比 | 63% | 70% | |
| 23 | | | 高素质农民占比 | 84% | 86% | |

## 四、上海农业现代化的实现路径和保障措施

### (一)实现路径

上海要通过实施五大行动,为率先基本实现农业现代化打下坚实基础。

**1. 实施绿色循环发展行动**

**一是推行绿色生产方式。**积极推广绿色循环生产技术,建设一批农产品绿色生产基地,不断提高农产品绿色食品认证率。巩固化肥农药减量增效成果,推进蔬菜绿色防控集成示范基地和蔬菜水肥一体化项目建设。建成12家美丽生态牧场,建设100家水产健康养殖示范场。**二是推进生态循环农业发展模式。**增加财政投入,引入社会资本,提升生态循环农业发展模式自我发展的能力,实现技术、经济双循环。加强生态循环农业发展模式顶层设计,提高生态循环农业项目的变现能力。加强农药包装废弃物和农业薄膜回收处置,支持种养结合与农业资源循环利用。以生态循环农业示范创建为抓手,集中打造生态循环农业示范区、示范镇和示范基地,形成生产清洁、资源循环、产品绿色、产业融合的上海都市现代绿色农业发展模式。

**2. 实施科技装备提升行动**

**一是建设农业智能化生产基地。**探索基于5G通信的农业物联集成应用模式,以区、镇为单位建设一批基于数字化管理的农机社会化服务组织,打造10万亩粮食生产无人农场,打造一批智能化菜(果)园,建设2万亩高标准蔬菜绿色生产基地。积极探索植物工厂

生产模式,大力发展食用菌、蔬菜种苗、花卉园艺等工厂化生产,加强自主创新,降低使用成本,全面提升都市农业设施装备水平。**二是夯实数字农业发展基础**。加快数字农业云平台建设,增强农业数据汇集和治理能力,推进农业数据资源库、网络平台与农业空间地理信息系统的深度融合。编好"一张网"、建好"一个库"、画好"一张图",提高"一张网"的质量,利用好"一个库"的数据,让"一张图"更具有美感,使其布局更合理、更科学、更高效。**三是提升现代种业发展能力**。提高种业策源能力和原创能力,与上海科创中心建设相结合,努力建成服务全国、面向全球的集生物育种实验室、资源安全实验室和种质资源大数据平台于一体的种业创新中心和节水抗旱稻国际种源策源中心,扎实推进种业关键共性技术研究和优势特色种质创新及品种选育联合攻关,育成 15 个以上具有自主知识产权的突破性新品种(新品系、配套系),作物品种在全国年推广面积超过 1 000 万亩。构建产学研用深度融合的商业化育种体系,培育全产业链品牌种业企业。培育在全国有影响力的种业头部企业,参照先正达招商引资模式,发挥上海人才资本优势,引进 1~2 家世界级种业企业在沪设立总部。打造 1 家全国 20 强种业企业、2~3 家全国 50 强种业企业以及一批在全国具有影响力的"专精特新"种业企业,使上海逐步成为种业企业集聚地。

**3. 实施经营主体培育行动**

**一是培育农业龙头企业**。围绕蔬菜、肉蛋、水产品等鲜活"菜篮子"产品供应,聚焦重点产业集群和重大投资项目,培育一批具有核心竞争力和带动能力的产业化龙头企业。加快组建农业产业化联合体,推动农业龙头企业与农民专业合作社、家庭农场的互惠合作。二

**是提升农业新型经营主体。**加强家庭农场和农民专业合作社规范化建设,重点培养100家市级以上示范家庭农场和200家市级以上示范合作社。**三是发展区域性农业服务组织。**以蔬果产业为重点,打造区域性集约化育苗中心,提升种苗社会化服务能力。布局一批规模适度的农产品预冷、贮藏保鲜等初加工冷链设施。鼓励农村集体经济组织参与农业生产经营,开展区域性农业服务,支持帮扶资金用于集体经济组织发展现代农业。**四是培育高素质农民。**推动高素质农民培育,强化政策激励,引导有志青年投身现代农业,加入高素质农民队伍,为农业经营主体注入新鲜血液。到2025年,全市累计培育农业经理人500名、新型职业农民2.5万名,形成一支有文化、懂技术、善经营、会管理的高素质农民队伍。

4. 实施特色品牌建设行动

一是加强地产优质农产品品牌建设。打造优质稻米品牌,调优水稻品种和茬口布局,筛选和推广一批品优味佳的食味稻米品种。完善稻米品质评价以及生产、加工、保鲜贮藏标准体系。推进优质粮食工程建设,引导建立优粮优价的市场运行机制,集中打造优质食味稻米区域公用品牌。提升特色产业品牌优势,聚焦蔬菜、瓜果、生猪、水产等优势特色产业,加大特色农产品优势区建设力度,挖掘地理标志产品资源,集成良种良法、统一产品标准、做优分级分类,发展壮大"区"字号优势产业。二是培育有全国影响力的上海特色农业品牌。坚持立足上海、面向长三角、服务全国的发展理念,培育上海特有农业品牌,带动地产农产品生产经营和销售,培育一批在全国叫得响、产值高的特色农业企业品牌。依托上海的市场科技资金人才优势,辐射带动周边省市农产品销售,发展农产品加工和预制菜等新兴产业业态,实现上海农业走出去服务全国。三是**做强休闲农业品牌**。加强农事节庆文化活动建设,进一步挖掘和培育乡村农耕文化,各涉农区重点培育和提升1～2个休闲农业品牌。重点打造10条休闲农业和乡村旅游精品景点线路,围绕旅游古镇、特色村落、乡村民宿、郊野公园、科普基地等,打造一批特色休闲农业精品景点,力争到2025年年接待游客量2500万人次,农民就业岗位数超过3万个。

### 5. 实施产业融合增效行动

一是**打造优势特色产业集群**。重点围绕食味稻米、绿色蔬菜、特色瓜果、都市花卉、优质畜禽、生鲜乳业、健康水产等优势特色产业,打造一批涵盖生产、加工、流通、科技、服务等全产业链的产业集群,推进优势特色产业做优做强,促进产业深度融合。二是**建设产业融合发展平台**。结合乡村振兴示范村和美丽乡村示范村建设,集聚优势资源和产业特色,推进乡村新产业、新业态的融合发展,打造一批农村产业融合发展示范园、产业特色镇(村)等。大力发展农村电子商务,培育农村电商主体,引导各类电商到乡村布局,构建农产品网络销售平台,推动电商企业在村镇建设服务网点,发展订单农业产销对接模式及电商直播等在线新经济。三是**拓展农业多种功能**。延伸拓展传统农业的功能边界,促进农业与文化、旅游、教育、康养等产业融合。坚持因地制宜、分类开发:对纯农地区,结合特色产品打造田园休闲农业,发展林下经济、亲子教育、体育赛事等产业;对城乡过渡地区,聚焦美丽乡村建设,推进田园综合体、乡村民宿、文化创意等特色文旅休闲农业发展;对城市化周边地区,开展城市公园等绿化建设,探索健康养生、总部经济等特色产业发展。

## (二)保障措施

### 1. 组织保障

加强市、区职能部门联动,建立信息沟通机制,及时协调解决各类项目推进中的问题。按照都市现代绿色农业的发展要求,强化政策体系改革。锁定目标、锁定内容,采取目标管理的方式对工作推进进度实施"挂图作战"。

### 2. 资金保障

进一步加大市对区均衡性转移支付资金支持绿色农业发展的力度。稳步提高土地出让收益支农比例,确保到"十四五"末全市土地出让收入用于农业农村比例不低于8%。推动涉农资金跨领域、跨部门统筹整合,统筹各级各类财政支农资金。按照现代产业发展要求,建立农业产业发展基金。优化乡村地区营商环境,广泛吸引外资、民资等社会力量参与农业现代化建设。加快农村金融产品和服务方式创新,试点开展郊区农户、中小企业信用等级评价,加快构建线上线下相结合、"银保担"风险共担的普惠金融服务体系,推出更多免抵押、免担保、低利率、可持续的普惠金融产品。提高直接融资比重,支持农业企业依托多层次资本市场发展壮大。优化农业保险财政支持政策,加强农业保险与相关财政补贴政策的统筹衔接。

### 3. 用地保障

进一步修订完善本市的设施农业用地管理办法。针对设施农业用地临时用地的特点,实事求是设计备案要求,细化操作细则,明确实操流程,以满足先进设施装备对农业用地的需求。加大建设用地保障力度,新增建设用地计划实行单列,新编乡镇级国土空间规划应预留不少于10%的建设用地指标用于乡村振兴,重点保障乡村产业发展用地。利用全域土地整治,做好规划布局,在农业生产区域内合理布局加工提升所需的建设用地,在纯农地区科学布局农业建设用地。落实建设用地周转指标制度,盘活的建设用地指标按照不低于5%的比例,用于农产品加工和农业休闲体验等乡村产业发展,尤其是用于支持发展"从田头到餐桌"的预制菜产业等新业态。有序盘活乡村房地资源,鼓励对依法登记的宅基地房屋等农村建设用地房屋进行复合利用,发展乡村民宿、农产品加工、电子商务等乡村产业。

4. 人才保障

围绕种源农业、数字农业、装备农业等重点方向,加大高层次创新人才和紧缺急需人才引进力度。比照本市推进高端制造业发展加快人才集聚的相关扶持政策,加大对农业领域高层次人才的评价、引进和扶持力度。建立公共财政投入长效机制,将农业农村人才开发经费纳入政府年度预算。鼓励高校和科研机构科技人员通过专职、兼职、入股等形式,创办科技型企业或从事科技成果转化活动。鼓励高校毕业生、专业人才和技能劳动力投身农业领域,在住房保障、创业发展、职称评定、落户等方面给予政策倾斜。对农业招商引资企业给予落户政策支持,根据投资金额和带动就业人数确定落户指标,确保指标用好用实。加强农村专业人才队伍建设,加大对农民首席技师和技能大师等技能带头人的培养资助力度,加大定向培养基层农技人员力度,不断提高科技特派员的数量和质量,畅通各类人才下乡渠道,完善支持高校毕业生到基层工作的政策措施。

### 5. 监测评估保障

制定农业现代化监测评价标准,定期开展监测评估,形成牵引农业现代化建设的鲜明导向,并在共性指标基础上,针对各区不同资源禀赋、区位条件等,设置个性化指标,引导优势做优、特色更特。

# 深化改革推进集体经济高质量发展研究

按照市委书记陈吉宁关于提高农村集体经济实力的指示精神以及市政府副市长彭沉雷2022年11月14日在《我市农村集体经济发展情况》专报上的批示要求，市农业农村委领导高度重视，成立调研专班，会同市有关部门、各相关区，多次进行专题研究。专报中反映的情况与实际相吻合，反映的问题客观存在，提出的对策建议具有一定指导意义。

## 一、基本情况

近年来，在市委、市政府的高度重视和正确领导下，市农业农村委会同市相关部门统筹指导各区不断深化改革、强化监管、探索创新,农村集体经济政策体系日趋完善、经济实力显著增强、农民财产性收入不断增加。

**(一)集体资产总量位居全国前列,且保持逐年增长态势**

本市农村集体资产总量位居全国第五,其中:镇级资产总量全国第一,村均资产全国第二。截至 2021 年底,全市镇、村、组三级集体经济组织账面总资产为 6 649.3 亿元(账面资产是物业资产等未经评估的价值,且不包括土地等资源性资产变现的价值),较 2017 年增长 18.3%;账面净资产 2130.9 亿元,较 2017 年增长 30.1%。

**(二)率先启动并完成产权制度改革,政策体系日趋完善**

2012 年本市率先在全国全面启动农村集体产权制度改革,2019 年率先在全国基本完成镇村两级集体产权制度改革任务,基本实现应改尽改目标任务。成员按拥有的份额享受集体收益分配,包括进城人员等成员的权益不随人员流动而丧失。同时,也积极探索成员的份额有偿退出、继承等权能改革试点,如闵行区 2014 年承担了全国农村改革试验区试点任务,在本集体经济组织内部开展试点,初步建立了份额有偿退出、继承等相关工作机制。2017 年,出台了《上海市农村集体资产监督管理条例》,2022 年 2 月市政府办公厅又出台了促进本市农村集体经济高质量发展的政策性文件。2022 年 9 月施行的《上海市乡村振兴促进条例》设置了"农村集体经济"专章。

**(三)收益分配机制不断健全,成员收益分配收入逐年增加**

通过农村集体产权制度改革和发展壮大农村集体经济,逐步建立起农民收益分配的长效机制。如2022年,全市共有776个集体经济组织开展了2021年度的收益分配,分配覆盖面达43%,分配金额27亿元,惠及成员259万人,人均年分配金额1041元。2011—2022年间,本市集体经济组织累计分配174.04亿元,参与分配1 518.8万人次,人均年分配金额1146元。农民从集体经济发展中获得了实实在在的好处,凝聚了民心,增强了基层组织的号召力和战斗力。

**(四)坚持因地制宜,积极探索多种集体经济发展新模式**

近年来,相关区、镇结合各自的区位优势、资源禀赋和乡村特点,积极探索发展壮大新型农村集体经济的路径和模式,有效发挥集体资金、资源集聚效应,促进集体资产保值增值。比如,奉贤区结合落实农村综合帮扶工作要求,强化区级统筹,帮助集体经济"抱团取暖",由100个经济薄弱村每村出资10万元注册成立上海百村实业有限公司,通过帮扶资金购置优质物业项目实现资产保值增值,2021年度,每个经济薄弱村分配100万元;松江区新桥镇集体资产经营公司出资4 000万元、持股40%与漕河泾开发区成立上海漕河泾开发区松江高科技园区发展有限公司(2015年上市),目前新桥镇集体资产经营公司持有的股权市值已达11亿元左右;浦东新区张江镇针对张江科学城内企业多、人才公寓一房难求的问题,2018年起由镇属集体全资企业与本镇新丰村存有闲置房屋的村民签订房屋租赁协议,逐步探索由政府牵头、农民供房、农村集体企业改造三方合力的"乡村人才公寓"发展模式,通过盘活闲置宅基地,获得长期稳定的经营性收益。

## 二、瓶颈分析

近年来,本市农村集体为上海城市发展提供了大量的土地资源,农村集体经济组织承担了大量农村社会公共服务支出,在维护农村社会稳定上也发挥了重要作用,为上海城市发展大局作出了贡献。虽然本市的农村集体经济总量较大且呈稳步增长态势,但仍然明显滞后于社会主义现代化国际大都市经济社会发展,也与党的二十大报告提出的"发展新型农村集体经济"新要求存在一定差距,一些瓶颈问题亟须解决。

### (一)发展共识有待提升,法律政策有待健全

产权制度改革后,作为特别法人的集体经济组织市场主体地位较弱,镇村集体经济组织自我认可度和社会认可度不高,部分领导干部,特别是基层干部对新型农村集体经济的性质、地位和作用认识不足,存在"上热中温下冷""重使用、轻发展"等现象。同时,因受要素资源配置城乡失衡的影响,存在社会资本不愿投、不敢投、不知往哪投等问题。虽然《中华人民共和国民法典》已经明确农村集体经济组织"特别法人"的法律地位,但《农村集体经济组织法》尚未出台,农村集体经济组织的法人地位在国家层面缺乏支持政策和法律保障体系,难以充分参与市场竞争。

### (二)土地资源的硬约束突出,发展空间不足

本市农村集体建设用地面积610.6平方公里,其中农村集体经营性建设用地面积197.59平方公里,占比32.36%,但集体经济组织

自身掌控、实际可利用土地资源较少,且单宗地块规模小、布局零散。如部分早期建成的旧厂房、旧仓库等集体资产在20世纪90年代乡镇企业改制时买断给个人或民企,其土地使用权一并长租。而且,农村集体经营性建设用地大多位于"198区块",面临减量化的硬约束,有逐年减少趋势。自2015年开始的两轮"减量化三年行动"有效反哺了城市建设,形成的建设用地指标约35.83平方公里,其中约89.6%用于开发边界内建设,用于发展农村集体经济的不多,与当前乡村产业发展、乡村建设等乡村振兴需求不相匹配。同时,早期近郊地区集体经济利用建设用地实现了快速发展,在土地资源紧约束的背景下,现在远郊地区难以增加集体建设空间,区域差距不断扩大。

**(三)集体经济发展模式粗放单一,集体收入来源有限**

因受到城市虹吸效应影响,乡村资源要素长期单向度支持城市发展,目前集体经济以传统物业资产和土地出租为主,非竞争性的"地租经济"比重高达76%。且不少物业、厂房建造时间久远、手续不齐全,升级改造难、确权颁证难,只能以毛坯形式出租,产业相对低端。同时,因缺乏专业的招商、物业管理团队,市场定价机制不完善,存在租赁期过长、价格偏低以及机关事业单位无偿占用等现象,管理能级不高、经营水平低效,市场化经营机制还不够活,缺乏市场参与和竞争能力,农村集体经济组织经营收入来源有限。

**(四)发展动力的软制约明显,没精力、没动力、没人才**

集体经济收益不明显、发展预期不明确、人才资源严重匮乏,对集体经济发展又形成了软制约。比如,村级集体经济组织管理人员大都由村"两委"班子兼任,其工作重心主要在社会治理方面,经营理念偏保守,专业知识缺乏,"有想法、没办法",加之绩效考核与集体经济发展相关性不高,其推动发展的精力不济、能力不够、动力不足。受制于薪酬体系、容错机制、职业前景等因素,职业经理人队伍难以成型,能人不想来、来了留不住、留下带不动,集体经济管理和发展队伍薄弱、"后继乏人"。

## 三、对策建议

习近平总书记强调,要用大历史观看"三农"、抓"三农",要发展壮大新型农村集体经济。回顾上海农村集体经济发展历程,本质上是发展权在时间和空间上的分配问题。今后一个时期,上海要率先实现中国式现代化,推动全社会共同富裕,发展壮大新型农村集体经济,不可或缺。同时,发展壮大新型农村集体经济也是一项系统工程,需要全社会深化对新型农村集体经济重要性的认识。要将农村集体经济发展纳入全市经济社会大循环中,要让农村集体经济参与到全市重大发展战略之中。要继续深化改革创新,推动要素资源优化配置,摆脱路径依赖,加强人才队伍建设,打破农村集体经济发展中的堵点、难点,推动发展模式创新,促进农村集体经济可持续、高质量发展。

### (一)强化责任落实,凝聚发展共识

一是强化主体责任。将发展壮大集体经济纳入"一把手工程",优化顶层设计,强化统筹、监督和考核,增加对涉农区镇主要领导的考核指标,压实区、镇责任。切实推动《上海市乡村振兴促进条例》和

《关于进一步促进本市农村集体经济高质量发展的意见》(沪府办规〔2022〕2号)落地见效,建好区、镇两级农村集体经济发展平台,统筹配置好资金、土地、人才以及项目等资源要素。

二是凝聚社会共识。强化经验总结、典型宣传和示范推广,推介发展壮大集体经济的典型经验做法和路径范例。坚持上下联动,动员全社会力量,凝聚强大合力,形成关心支持集体经济发展的良好共识和氛围,提升集体经济组织的市场主体地位、社会认可度和自我发展意识。

三是激发内部活力。进一步巩固提升集体产权制度改革成果,深化股份合作改革创新,积极探索集体经济组织成员对其股份权能实现形式,建立成员股份抵押担保、流转交易、有偿退出等机制,充分激活要素的市场价值,增强内部活力。在完全城市化地区,可探索在市公共资源交易中心实行股份公开交易;在农业地区,可探索在本集体经济组织成员之间进行自愿有偿流转或由本集体经济组织赎回。

### (二)加强资源有效利用,优化发展空间

一是及时优化郊野单元规划。要定期或适时调整郊野单元规划,简化调整程序,优化和预留集体经济发展空间,统筹考虑集体经济产业用地,在规划上落图,在实施中予以落地。

二是实施全域土地综合整治。充分利用全域土地综合整治政策,在坚持集体建设用地总量不突破、耕地总量不减少的原则下,合理整合农村小而散的存量集体建设用地,优化农村集体建设用地布局,确保集体有项目不缺地、能落地。

三是盘活存量建设用地。对符合规划的低效集体建设用地进行

二次开发利用,切实提高集体经营性建设用地的利用效率和使用效益。健全城乡建设用地增减挂钩、节余指标调剂和收益分配机制,减量化后的农村集体建设用地指标产生的收益主要归集体经济组织所有。

**(三)创新发展方式,参与市场竞争**

**一是参与全市重大发展战略和重点项目建设。**支持农村集体经济组织积极参与五大新城建设、南北转型发展、新市镇建设、"城中村"改造等城市发展重大战略,优先安排区级、镇级平台在规划留出的集体建设用地空间中发展集体经济项目,或以成本价购置一定比例的商业用房,确保农村集体经济可持续发展。如在华为科创小镇等重点项目建设中,可创设集体经济参与模式,采用征地留房、周边集体经济组织抱团发展等方式做大做强集体经济。

**二是发展新产业新业态。**鼓励农村集体经济组织通过入股或者参股农业产业化龙头企业,深化实施"百企联百村";推动农村集体经营项目向产业园区集中,引入高新产业,发展生产性服务业,促进农村集体经济转型升级;支持农村集体经济组织利用农村依法建造的闲置宅基地农民房屋、闲置村集体用地和房屋等,发展符合乡村特点的健康养老、休闲农业、农创文旅、农耕体验、乡村民宿、乡村人才公寓、乡村总部经济等新产业新业态。

**三是改造提升低效物业资产。**以园区开发建设的理念,通过本市公共资源交易中心引入国有企业、优质社会资本,明确各自入股比例,对低效物业资产进行合作开发,提升物业资产品质与能级,拓展农村集体经济组织经营收入渠道,提高收益水平。

## (四)加大投入力度,拓宽融资渠道

**一是鼓励集体经济采取多种方式与社会资本合作。**研究制定乡村产业重点领域投资目录和负面清单,采取股份制、合伙制等多种形式,支持农村集体经济与社会资本合作发展,解决农村集体"有项目、缺资金"难题。

**二是创新融资渠道。**积极探索金融服务与农村集体经济发展的融合点,发挥好农业信贷担保体系作用,创设整区、整镇集体经济评级授信机制,创设一批农村资产抵押、质押产品及增信方式,创新专属信贷产品和服务方式。发挥好上海公共资源交易中心的市场定价功能,探索股权流转、抵押和跨社参股等产权实现新形式。

**三是增加农村集体经营性建设用地入市收益分配比例。**农村集体经营性建设用地入市收益要向农村集体经济倾斜,获得的收益可投向区、镇集体经济发展平台,并加强监管,确保收益分配公开、透明、高效。

**四是尽快启动新一轮农村综合帮扶。**持续巩固前两轮已经形成的中心城区、国有企业对口帮扶郊区的政策红利,拓展帮扶资金来源渠道,捐助资金统筹在区、结对关系统筹到镇、资产确权到村,形成相对稳定的"造血"机制。

**五是建立农村集体经济发展专项基金。**在市乡村振兴投资基金中,设立农村集体经济高质量发展专项基金,委托市场专业性的基金公司运作。专项基金来源主要是政府对农村集体经济发展方面的投入资金,以及新增土地出让金收益用于集体经济在乡村振兴产业方面的投入资金。

### (五)打造高素质人才队伍,带动高质量发展

**一是加强人才培养**。结合第一书记、驻村书记、结对帮扶等工作,对农村集体经济组织管理人员开展市场经营管理、项目投资、金融政策、法律法规等业务知识培训,提升其经营管理能力,使其能够成为农村集体经济发展的带头人、"领头雁",激发自我发展意识。

**二是拓宽人才来源**。从机关事业单位、科研院所、国企等渠道选派具有经营管理经验的优秀党员作为驻村第一书记或驻村书记,带动村级集体经济发展。吸引本地大学生、优秀乡贤、外出务工人员及企业家等优质人才回乡创新创业,为村集体经济发展提供思路、带领群众致富。

**三是建立职业经理人队伍**。鼓励和支持农村集体经济组织运用市场化手段选拔人才,聘请职业经理人负责集体资产经营,引入现代企业经营管理理念和经验,推进农村集体经济真正参与市场化运行。

**四是建立市场化薪酬体系和激励机制**。对市场化选聘的职业经理人实行市场化薪酬分配机制,对集体经济组织负责人实行与集体经济实际收益相挂钩的奖励分配机制,可采取"基本报酬＋集体经济收益提成"的报酬制度,激励各类人才发展集体经济的积极性。

# 加快促进农民收入增长研究

据陈吉宁书记2022年11月4日在市委常委会上对我市做好"三农"工作的相关要求,市农业农村委高度重视,会同相关部门和涉农区,开展建立健全促进农民长效增收机制专题调研。

## 一、农民收入的总体情况

随着城镇化进程的不断推进,农民内涵越来越多元。一是农业从业人员。据市统计局数据,2020年我市农业从业人员约31万人。二是农业户籍人员。据上海市公安局人口办数据,目前本市农业户籍人口约121.5万人。三是农村常住居民。据第七次人口普查数据,2020年本市农村常住人口约266.15万人。在**统计意义上,农民收入**指的是农村常住居民的可支配收入。2021年本市农村居民可支配收入为38 521元,继续位列全国首位。

本报告在分析面上农村常住居民可支配收入的基础上,重点聚焦农业从业人员和本市户籍农村常住居民的增收工作,并进行深入研究。

**(一)农村常住居民可支配收入情况**

**1. 城乡居民收入差距不断拉大**

近年来,我市城乡居民收入倍差不断缩小,从2018年的2.24连续下降到2021年2.14,但是城乡居民收入差距的绝对值仍在不断拉大,由2018年的37 659元扩大到2021年的43 908元。虽然本市城乡居民收入比,明显低于全国水平(2021年城乡居民人均可支配收入比为2.5),但对标国际先进地区,差距较大。经济合作与发展组织(OECD)成员国中,21个欧洲国家的城乡居民收入比都小于1.5,其中比利时、英国、德国和荷兰4个国家的城乡居民收入比小于1。

**2017—2021年上海城乡常住居民人均可支配收入情况** （单位:元）

| 年份 | 城镇居民 | 增幅 | 农村居民 | 增幅 | 城乡收入差额 | 城乡收入比 |
|---|---|---|---|---|---|---|
| 2017年 | 62 596 | 8.5% | 27 825 | 9.0% | 34 771 | 2.25 |
| 2018年 | 68 034 | 8.7% | 30 375 | 9.2% | 37 659 | 2.24 |
| 2019年 | 73 615 | 8.2% | 33 195 | 9.3% | 40 420 | 2.22 |
| 2020年 | 76 437 | 3.8% | 34 911 | 5.2% | 41 526 | 2.19 |
| 2021年 | 82 429 | 7.8% | 38 521 | 10.3% | 43 908 | 2.14 |

**2. 农村居民可支配收入结构不平衡**

本市农村居民可支配收入主要来源于工资性收入,约占总收入70%,远高于全国42%的水平,明显高于江苏省近50%的水平。转移净收入约占总收入25%,达到约一万元,远高于全国和江浙皖等长三角省市。但经营净收入和财产净收入较少,分别只占约2%。

(自2018年起,本市农村居民可支配收入只公布总数,不再公布结构性收入来源数据和各涉农区分区数据。关于农村居民工资性收入、经营净收入、财产净收入、转移净收入数据为国家统计局上海调查总队提供的估算值。)

**3. 农村居民可支配收入在长三角城市中没有领先优势**

2021年,我市农村常住居民收入在长三角周边城市排名第九,收入水平和增幅均低于周边的嘉兴、杭州、苏州等城市。近年来,建设用地减量化工作不断推进,但盘活的建设用地指标向乡村地区倾斜力度还不够大,集体经营性建设用地入市、宅基地"三权"分置尚未真正破题。与苏南等集体经济发展活力较强的地区比,我市农村集体资金、资产、资源对农民财产性收入的拉动作用尚未真正发挥。

**4. 农村尚有相当数量生活困难农户**

本市自2013年起,聚焦经济相对薄弱村,开展了两轮农村综合帮扶,特别是第二轮针对生活困难农户(原则上按低保的2倍来界定)的精准帮扶,对这些群体的收入提高和生活改善,发挥了积极的作用。根据抽样调查,近两年生活困难农户人均现金收入增幅12.1%,比全市农村居民高4.4%。尽管这些年我市生活困难农户得到了实实在在的帮扶,但相对而言,农村生活困难户仍然较多,收入仍然较低,特别是老年人和因病致贫、因残致贫的特殊人群抗风险能力较弱。2022年度全市涉农区认定的生活困难农户,还约有6.5万户10万人,仍需政府通过各种救助和综合帮扶等给予针对性的扶持。

## (二)重点人群可支配收入情况

### 1. 不同类型农业从业人员收入差距较大

我市农业从业人员老龄化、兼业化特点较明显,外来从业人员比例较高,因此对农业从业人员的界定比较复杂。市统计局发布的农业从业人员约31万人(不分户籍、不分年龄段);根据农业农村部门统计口径(本市户籍60岁以下,且一年中有6个月来自农林牧副渔等农业经营收入的)的从业人员约7.8万人;市农业农村委在疫情防控期间监测的种植业规模农业经营主体中相对固定从业人员约4.9万人(不分户籍、不分年龄段)。考虑到相当一部分老年兼业农民的收入主要来源于养老金和工资收入,农业收入只是有限的补充,因此,农业从业人员增收主要针对在一定规模农业经营主体中相对固定的、就业年龄段的从业人员。一是农业经营主体收入差距明显。合作社理事长和农业企业主因为经营规模和经营水平差异较大,收入差距也较大。以蔬菜行业为例,亏损、持平和盈利的约各占1/3,但盈利较好的年收入一般能超过50万元,甚至超过100万元。家庭农场主收入较稳定,市级示范家庭农场人均收入约9万元,一般家庭农场人均收入约7万~8万元。二是部分具备一定学历和专业知识的经营主体成为产业发展骨干,收入水平总体较好。我市自2015年至2019年连续举办了五期青年农场主培训,重点聚焦约500位50岁以下、高中及以上学历的经营主体开展培训。2021—2022年,又在青年农场主中遴选了约100位开展菁鹰计划培训。据跟踪调研,这部分经营主体以经营中小规模家庭农场和合作社为主,产销一体化特征明显,约九成的都能实现盈利。三是普通农业从业人员收入有一定差距。普通农业从业人员根据行业、劳动强度、技术水平等收入会有一定差距。一般来说,从事畜禽和水产养殖的人员收入比种植业高。从事粮食和蔬菜生产的普通从业人员年收入约5万~6万元;从事奶牛养殖的从业人员年收入约7万~8万元,从事生猪养殖的从业人员年收入约9万~10万元;水产养殖的年收入约5万~10万元。**四是普通农业从业人员参加职保比例尚不高。**2015年,我市扩大农村就业人员社会保障覆盖面,允许农民合作社和家庭农场的从业人员通过集体参保方式,参加灵活就业养老保险。据典型调研,一般农业企业或合作社考虑到用工成本会为技术骨干缴纳职保,对普通从业人员缴纳灵活就业保险,但也有相当一部分连灵活就业保险也不缴纳,只是参加城乡居保。

**2. 农村老年人的转移净收入稳步增长,但相对城镇居民明显偏低**

据估算,我市60岁以上农村常住人口约62.3万人,农业户籍人口约53.2万人。我市建立了城乡居保养老金调整机制,每年与职保同步调整养老金,增长比例略高于职保,2022年度城乡居保基础养老金为1 300元。部分涉农区也通过补贴提高居保养老水平。如:松江区2018年起对城乡居保养老人员发放生态补贴,目前补贴标准为70元/月,并鼓励有条件的村集体经济组织对参保人缴费给予补助。但由于历史上养老制度的城乡二元结构,我市农村老年人大部分都是参加城居保(全市领取城居保养老金人员中近9成为农村居民),2021年平均领取养老金水平为1 481元;而城镇老年人大部分都是参加职保,2021年平均领取养老金水平为4 325元,两者水平差距较大(注:数据为国家统计局上海调查总队根据本市收入监测样本户测算的估算值)。此外,农民对于养老制度"长缴多得、多缴多得"的意识较弱,对当前收益和预期收益,更倾向选择前者,导致农民整体养老金缴费水平较低、领取的养老金水平也较低。

**3. 农村就业年龄段农民非农就业相对较充分,但工资水平偏低**

我市建立健全了城乡一体的公共就业服务体系,出台了农民跨区就业补贴、低收入农户专项就业补贴、离土农民就业专项计划等政策,实施了农民技能提升培训三年行动计划和万名农民培训就业计划,农民非农就业相对较充分。但相对城市而言,农村产业能级和就业岗位工资水平都存在一定的差距,农民工资性收入明显低于城镇职工。我市农村非农就业人员(包括单位就业和灵活就业)2021年工资收入为5 781元/月,约为城镇非农就业人员收入的六成。而农村接近退休年龄段的老人,正规就业机会较少,相当一部分只能靠公益性岗位等灵活就业,收入更低。一方面,农村居民年龄较大、学历较低,接受新知识、新技术、新技能的能力受到较大限制,影响非农就业能力及收入的提高。另一方面,近年来通过"五违四必"专项整治,郊区不符合高质量发展需求的产业基本已转移,但符合产业发展导向的项目尚在逐步布局和落地过程中。因此,能够吸收当地农民就地就近就业的小企业岗位逐步减少,能带动农民高质量就业的岗位尚在孕育期,农民非农就业仍处于转型阵痛期。特别是处于远郊的崇明,是上海重要的生态屏障,在人口调控、土地控制、产业准入等方面约束较多,当地农民实现非农就业缺乏支撑。

## 二、影响农民增收的主要问题

"十三五"期间,我市农村居民可支配收入增速连续快于城镇居民,平均增幅为8.5%,增速比城镇居民人均可支配收入快0.9%,一直位列全国首位。但农民收入整体水平偏低、增速偏慢,区域不平衡性、结构差异性、群体差异性仍较明显,与党的二十大和市十二次党代会提出的共同富裕要求相比,仍存在较大差距。影响农民增收的瓶颈问题主要表现在四方面。

**1. 农村居民整体年龄偏大、学历偏低,较难搭上改革开放的快车、跟上乡村振兴的步伐**

我市农村老龄化、空心化现象严重,实现稳定就业的农村中青年大部分已经搬离农村,成为统计意义上的城镇常住居民。据金山区第七次人口普查统计,城镇常住人口老龄化率约20%,农村常住人口老龄化率约30%,农村常住人口中的本地户籍居民老龄化率高达49%。据松江区统计,2021年全区12个涉农镇和街道的劳动力人口中,初中及以下占比近三分之二。其中:初中以下占21.98%,初中占40.22%,高中(中专技校)占27.37%,大专及以上占10.44%。农村居民年龄偏大、学历偏低的现状,客观上导致他们难以跟上城市经济高速发展和乡村振兴的步伐,较难通过高水平的就业和创业来增加收入。

**2. 国土空间相关规定客观上导致强村富民产业提升发展受限**

在农村地区推进低效建设用地减量化、逐步淘汰落后产能的同时,亟须培育和导入新产业、新业态,以提升乡村主导产业,推动农村发展和农民增收。然而,我市的空间规划和用地管控政策对乡村产业提升发展的支撑保障力度有限,具体表现在:一是空间规划方面。长期以来,我市农村地区以发展农业产业为主,规划功能定位较为单一,产业附加值难以提升。而且城镇开发边界外严禁新增工业项目,农产品加工业和仓储冷链等产业发展难以获得空间用地。虽然2022年11月新版的国土空间"四线"管控办法已明确城镇开发边界外可以新增直接服务于种植养殖业的农产品初加工、仓储保鲜冷链、直销配送等功能,但是仍然没有明确办理此类项目的规划依据和建设用地指标来源。二是设施农用地方面。目前我市实行的设施农业用地管理办法(591号文)要求过高,导致我市设施农用地办理周期长,办理成本高,还有部分项目的设施用地难以落实,不同程度上影响现代农业项目的快速有效实施。三是建设用地方面。由于城镇开发边界外点状供地和存量集体建设用地盘活利用的操作细则和实施路径不明确,大多依赖"一事一议",因此新增建设用地项目落实难度很大,农村项目落地较难。农村产业发展的问题,直接影响着农民收入的提高。

**3. 农村集体经济发展不平衡、不充分,对农民增收的贡献未有效发挥**

一是产权制度改革收益分配区域差距大。2022年全市共有776个集体经济组织对2021年度进行了收益分配,分配金额27亿元,惠及成员259万人,人均分配1 041元。其中,近郊256个村集体开展收益分配,占比不足1/3。但分配金额和人均分配水平较高,分配金额达12.2亿元,是中远郊的1.44倍;人均分配2161元,约为中郊的3倍、远郊的10倍。而中远郊有492个村集体开展收益分配,占比六成多,但人均分配水平较低,仅为440元。全市收益分配总体上呈"近郊水平高、覆盖面窄,中远郊水平低、覆盖面高"的特点。二是中远郊地区村级集体经济仍然比较薄弱,发展基础还需要进一步夯实。2017年底全市郊区村级总资产1 397.2亿元,中远郊只占22.3%,近郊占 77.7%，总资产最低的崇明(50.1亿元)是最高的闵行(489.6亿元)十分之一，村均资产是闵行的十七分之一。通过近五年的综合帮扶及其他相关政策的支持，中远郊农村集体资产情况已大为改善，但是村级集体经济仍然比较薄弱。2021年底全市郊区村级总资产1 821.3亿元，中远郊占24.6%，近郊占75.4%，总资产最低的崇明(77.1亿元)是最高的闵行(610.1亿元)八分之一，村均资产是闵行的十四分之一。**此外**，尽管农村闲置宅基地和房屋盘活虽已有了点上的探索，但未能在面上拉动农民财产性收入明显增长。

**4. 促进农民增收政策体系尚未真正形成**

进入21世纪以来，本市持续出台了一系列促进农民增收的政策文件，基本建成城乡一体化的社会保障体系、初步构建以扶持经济相对薄弱村和生活困难农户为重点的农村综合帮扶机制，建立健全城乡统一的就业服务体系。但从总体来看，农民增收政策大部分散落在各职能部门，政策虽多但散，尚没有形成类似于浙江省整体研究缩小城乡居民收入差距实现共同富裕的政策体系。已开展的两轮综合帮扶，虽然取得了明显的成效，对壮大薄弱地区的集体经济、提高生活困难农户的收入水平，起到了积极有效的作用，但收入水平位于底部的群体仍然比较庞大，亟须进一步补好收入差距的短板。

## 三、促进农民增收的有关建议

建议今后一段时期要加强统筹谋划，强化制度供给，推动城乡要素合理流动，促进高质量发展和抬高收入底板等多措并举，切实提高我市农民收入水平。

**1. 加强顶层设计强化制度供给**

一是加强系统研究。促进农民持续增收是一项系统性工程,市各相关职能部门要根据市委主要领导关于促进农民增收的要求,加强系统研究、齐抓共管,把促进农民增收相关工作纳入市政府重点工作予以推进。二是出台政策文件。要围绕农民增收上的有关问题,特别关注发展空间、土地资源、产业提升、资金投入等关键领域,研究出台相关配套政策。建议借鉴浙江高质量发展建设共同富裕示范区的经验,立足本市现实基础、优势和潜力,聚焦城乡和区域差距,由市相关综合部门研究出台本市城乡居民共同富裕的政策体系。到2027年,城乡居民收入倍差缩小到2以内,力争达到1.9。三是加强督查考核。进一步强化各涉农区促进农民增收的主体责任,加大过程的督查和年终的考核力度,将农民增收工作纳入市对涉农区委、区政府的考核内容。

**2. 充分发挥城镇化战略＋乡村振兴战略对农民生活富裕带动作用**

一方面,发挥五大新城建设和南北转型发展对农村发展的辐射带动作用。郊区五大新城建设正在加快推进之中,要按照城乡融合、共同富裕的发展理念,充分考虑农村集体经济发展和农民增收的问题,让郊区农民在新城发展中共享成果和收益。一是五大新城建设和南北转型发展中要统筹谋划安排城市和乡村的资源。要将乡村振兴有关产业统筹谋划,同步推进,按照"三生融合"理念,优化乡村生产生活生态空间,促进乡村发展,带动农民致富。二是与新城功能配套的农村基础设施要同步谋划。积极推进基础设施和公共服务设施建设,强化新城带动、辐射农村的供给模式,为农民创业就业创造条件。三是进一步提振集体经济组织造血活力。探索制度创新，通过征地留地、留房等措施，无偿或以成本价回购的方式，为农村集体经济组织在新城之中留存、配置一批优质的经营性物业资产。**另一方面**，充分发挥好其他城镇连城带乡的区域功能枢纽的作用。一是以镇作为统筹盘活农村区域资源和提升乡村公共服务能级的基本单元，辐射带动农村的发展，并为农民提供就业增收机会。二是积极推进有条件的撤制镇发展，充分盘活利用撤制镇存量建设用地和存量房屋等资源。要使乡镇成为乡村产业发展的集聚地和新型创新产业集聚区，积极带动农民就业和增收。

### 3. 进一步深化农村综合帮扶工作

在完成两轮农村综合帮扶工作基础上，继续推进新一轮农村综合帮扶，着力补齐农民收入短板。一是确定帮扶对象和范围：一要划定薄弱村，建议以 2022 年度村集体组织可支配收入低于人均 1200 元且经营性资产低于人均 1 万元等标准重新评估划定。二要在继续开展生活困难农户精准帮扶的基础上，市级帮扶资金项目产生的收益主要用于薄弱村农民增收。三要建立帮扶机制，各涉农区都要促进区内农村集体经济高质量发展和农民持续稳定增收。二是增加帮扶资金：在继续稳定中心城区和市属国企捐赠帮扶资金的基础上，统筹使用土地出让收入优先支持乡村振兴资金，市级财政帮扶资金从第二轮的 20 亿元提高到 30 亿元。三是推进帮扶措施：一要继续重点支持崇明、金山、奉贤、青浦、松江等区再建设一批"造血"项目；浦东、闵行、嘉定、宝山等没有市级帮扶资金的区，通过区级平台建设"造血"项目。二要着力推动农村集体经济高质量发展。三要推进结对帮扶机制长效化、制度化，巩固中心城区、国有企业对口郊区的帮扶关系,选优配强驻村干部。四要完善和健全收益分配机制,帮扶收益主要用于提高薄弱村居民增收、集体经济组织收益分红、"造血"项目再投入等。

**4. 提升农业从业人员素质和收入**

一是保持农业布局和政策相对稳定,防止因周期性波动或政策因素对农业经营主体收入造成大的影响。二是推进农业适度规模,提高农业生产率。在农村劳动力实现充分非农就业的基础上,建立与大都市现代农业发展和农民增收相适应的农业规模经营体系,促进土地资源向家庭农场、合作社等集中,提高农业劳动生产率。借鉴发达国家经验,探索对规模经营主体的专业素养实行准入门槛,逐步提高经营主体的整体水平。三是提升农业从业人员生产和经营水平。继续开展高素质农民培训,在开展农业生产技能培训的基础上,围绕提升品牌影响力、延长农业产业链、提高营销水平等方面加强有针对性地培训,实现优质优价高收入。

**5. 大力促进农民非农就业**

一是进一步提升农村对第三产业的吸引力。通过土地全域整治、盘活农村闲置集体建设用地等途径,提升乡村服务业土地资源有效供给,加快适合农村发展的第三产业布局,为农民创造更多就近就地就业的岗位。二是鼓励镇、村开发一批适合中老年农民从事的保洁、保绿等公益性岗位,优先吸收本村农民,特别是接近退休年龄难以实现单位就业的农民。重点聚焦农村低收入人口、长江退捕渔民、困难残疾人等特殊困难群体,收集各类合适的就业岗位,兜牢就业民生底线。三是加强技能培训。继续加强有针对性的就业培训,提升农民就业能力和水平,进一步拓展就业渠道。

### 6. 不断提高农民保障水平

一是持续完善城乡居保基础养老金调整机制,在综合考虑当年物价变动幅度及财政负担能力等各方面因素的基础上,研究缩小城乡居保与低保标准的差距,实现高于低保标准。二是在部分涉农区已出台鼓励合作社为从业人员缴纳灵活就业保险的基础上,研究鼓励农民缴纳灵活就业保险和城镇职工保险的扶持政策,从制度层面提升农民保障水平。

### 7. 挖掘财产性收入增长潜力

一是不断壮大农村集体经济。深化贯彻落实好市政府办公厅印发的《关于进一步促进农村集体经济高质量发展的意见》,指导各区加快出台本区实施意见,搭建区级农村集体经济发展平台,统筹配置资金、资产、土地、项目等资源要素,发挥各类要素的集聚效应。引入社会资本,通过股份制、合伙制等多种形式,参与并带动农村集体经济发展。二是积极稳妥推进农村集体经营性建设用地入市。完善集体经营性建设用地入市后的收益分配机制,让农村集体经济和农民共享收益。三是积极稳妥盘活闲置宅基地资源。贯彻实施新修订的《中华人民共和国土地管理法》,全面开展农村宅基地和房屋情况的排摸,建立健全全市统一的信息数据库和管理系统,引导和鼓励各涉农区盘活农村宅基地和房屋资源用于产业发展,进一步带动农民增收。

# 全面推进乡村振兴
# 探索国际大都市城乡融合发展新路子
## ——上海百村万户大调研报告

根据习近平总书记在中央农办调研报告上的重要批示精神,按照市委书记陈吉宁2023年1月27日"要结合上海'三农'工作实际,把握好都市农业现代化发展的要求,充分尊重农民意愿,更有针对性制定和实施好乡村振兴各项措施和任务"的批示,以及2月3日市委常委会关于深入开展调查研究的部署,从2月上旬起,市农业农村委组织力量,围绕"乡村产业、生活方式、生态环境、乡村治理、乡村文化、农民收入"六个领域开展调研。通过设计调查问卷,用"解剖麻雀"的方式入户走访了九个涉农区的61个镇209个村,共发放问卷10 579份,回收**有效问卷10 399份**,并组织召开村民、镇村干部、专家等不同层面的座谈会159次，**做到问计于民、问需于民，发现真问题，真解决问题**。同时，以大兴调查研究为契机，建立健全**乡村振兴联系点制度**，委班子成员、机关各处室、系统各事业单位分别联系一个村（共46个村，以中、远郊为主，类型覆盖了示范村、规划保留村和非保留村），以蹲点的方式全面了解农业农村发展的真实情况和内在逻辑，为精准施策收集第一手资料。

在系统梳理问卷结果和座谈内容的基础上，我们从四个方面进行聚焦分析，形成课题调研报告：一是对中央农办专题调研报告中的农民种粮意愿、进城落户意愿等11项调研内容逐一对照分析，比较上海与全国情况的异同；二是找准上海农业农村发展的主要特征和问题短板，反映农村基层的需求期盼；三是提出上海全面推进乡村振兴，促进国际大都市城乡融合的对策措施；四是形成近期需要重点推进工作的任务清单，更有针对性地实施好乡村振兴各项措施和任务。

## 一、上海与全国问卷调研结果比较分析

对照中央农办在全国开展的11个领域问卷调查，我们一一对应开展了上海农民意愿调查（见附件）。从调研结果比较看，可分为三大类：

**（一）土地利用、种粮意愿、公共服务、农村改厕、设施管护、乡村治理、移风易俗等七个方面调查结果明显好于全国，需要继续保持领先地位**

**土地利用方面：**上海农村的宅基地规范利用性、承包地流转率和契约规范化程度高于全国水平。上海农村"一户一宅"的家庭比例达

93.3%；九成以上的承包地实现了流转，流转率在全国名列第一，流转合同签约率达100%，流转稳定性达85.4%。

**种粮意愿方面：**上海较高的承包地流转率为粮食安全起到了有效保障，农民继续种粮的意愿高于全国水平。近年来，上海着力推动"卖稻谷"向"卖大米"转变，积极发展粮食生产家庭农场，种粮收益持续提高，农民种粮的积极性明显提升。

**公共服务方面：**上海市域面积小，城乡基本公共服务和基础设施均等化水平相对较高，医疗和教育资源供给比较充足，因此无论是到市区就医还是到城区入学，都极为便利，农民对公共服务的总体满意度达87.6%。

**农村改厕方面：**上海农村改厕工作全面完成，卫生厕所普及率接近100%，农民对改厕效果的满意度达98.8%。

**设施管护方面：**上海村内公共基础设施管护效果明显好于全国，农民参与志愿服务的热情高涨。

**乡村治理方面：**近年来，上海坚持"人民城市人民建，人民城市为人民"的理念，发扬"全过程人民民主"，善治乡村、文明乡风已然形成。上海村级党组织引领乡村治理坚强有力，党员先锋模范作用彰显，村干部形象积极正面，群众认可度和信任度高，村民对自治的认可程度和参与意愿比较强。

**移风易俗方面：**上海农村移风易俗成效明显，不良风气比全国低25个百分点。

**(二)农民居住方面存在短板，农民诉求强烈亟待破解**

上海农民房屋总体较为陈旧，农民对现有居住条件的满意度

(79.5%)低于全国水平(91.7%)。大多数农民认为建房需要统一规划、统一风貌。

**(三)文化生活、进城落户、农民养老等三个方面呈现多元化需求态势,需要因势利导,以适应发展需求**

由于各地的人文风俗、地理差异、经济社会发展水平不同,在部分领域农民的需求呈现多元化趋势,上海的情况亦与全国不同。

**文化生活方面**:从偏好看,上海农民追求精神层面的享受,全国农民偏爱体锻健身;从选择度看,上海农民热衷社交活动,全国农民经常收看影视广播;从传播形式看,上海农民倾向于现代网络新媒体,全国农民倾向于传统电视广播。

**进城落户方面**:上海农民想进城落户的比例高于全国水平,但在位置选择上,上海农民希望在就近的乡镇落户,全国农民希望在县城落户;进城落户后,上海农民选择保留承包地和宅基地的比例低于全国水平。

**农民养老方面**:上海和全国均有八成以上的农民选择在农村家里养老,但全国农民养老主要依托土地和房屋,上海农民养老主要依托养老金保障。

## 二、上海"三农"发展中的特征特色、问题短板和农民需求意愿

**(一)关于促进乡村产业发展的调研**

近年来,上海依托超大城市的市场和资源优势,大力发展乡村产

业,取得较好成效,呈现两大新态势。

**第一,产业吸引力增强。** 超九成的经营者愿意继续从事乡村产业,其中,家庭农场(93.5%)、合作社(95.9%)、涉农企业(96.6%)等规模化经营主体继续从事乡村产业的意愿明显高于普通农户(88.7%)。17%的经营主体从事两种及以上产业类型。在松江,粮食、养殖、农机"三位一体"经营的家庭农场,年净收入约75.5万元,远高于单一经营的家庭农场。越来越多的高学历人才投身到乡村产业的发展热潮中,经营主体具有大专及以上学历的占38.7%,其中不乏知名学府的青年人才。

**第二,产业新业态凸显。** 除传统的种养殖业外,经营主体广泛涉猎农产品加工、农产品流通、休闲农业、其他服务业等新业态。63.4%的经营主体认为上海消费市场大是做强乡村产业的主要优势。56.1%的经营主体已熟练利用电商平台进行销售,利用自媒体销售的比例也超过了1/3。

调研显示,有四方面的问题亟待解决:

**一是成本相对偏高。** 成本高是制约乡村产业发展的首要问题(63.6%),主要集中在农资价格和用工成本上。受访者表示,受国际市场影响,近年来国内农资价格,尤其是化肥价格飞涨,钾肥价格较2021年初涨幅超过100%。

**二是适用劳动力偏少。** 60.3%的经营主体认为劳动力不足是主要瓶颈,特别是老龄化问题日益加重,农业生产已经从过去常说的"三个农民200岁"变为"四个农民300岁"。此外,从业人员学历层次低(17.8%)、专业能力不足(13.1%)等情况也颇为棘手。

**三是用地"卡得紧"。** 23.4%的经营主体遇到"用地难"问题,大家反映,设施农用地、建设用地"卡得过紧",影响了农业产业的提档升级,制约了产业融合发展;"农机无处停放、农具无处摆放、农资无处堆放"的问题时有发生;乡村休闲旅游也存在"汽车无处停、餐宿无处觅"的难题。

**四是经营主体影响力相对弱。**受访的经营主体中有35%是普通农户,即使在全市面上,知名度高的农业龙头企业数量也不多。

受访者有两大期盼。

**一是盼望延长产业链。**78.4%的受访者计划在今后五年里拓展业态类型,实现产业融合。其中乡村民宿等休闲旅游(68.4%)和农村电子商务(49.3%)是经营主体最希望进入的领域。对延长产业链,种养殖业的主体较为青睐预制菜加工(27.7%)和仓储物流服务(26.8%),认为有赚头。

**二是盼望获得政策支持。**53.6%的经营主体希望政府加大对乡村产业支持力度。从支持领域看,75.7%的经营主体希望得到财政政策支持,67.0%的经营主体希望得到土地政策支持。

### (二)关于改善农民生活方式的调研

上海郊区农村经济发达,农民生活方式方面发生了显著变化:**首先,农业规模化经营的全面推进为进一步改善农民生活方式提供了前提条件。**上海超九成农村承包地已流转,位于全国前列,基本实现承包地"向规模集中"。农民就业高度非农化,生产方式的变革直接带动了生活方式的变革。**其次,农民期望"城乡两便"的新型城镇化生活为改善农民生活方式提供了重要遵循。**上海城镇化率已超九成,农民生活方式并没有简单地朝着城市化方向演变,六成上海农民首选城乡"两栖"的居住模式,农民更加青睐能够充分享有城乡两种好处的大都市郊区生活方式。近七成上海农民不想把户口迁移到城镇,变成纯粹的市民,这是在充分理解了城镇生活的好处之后主动地选择要留在乡村。**第三,重塑乡村聚落体系,推进农民相对集中居住是改善农民生活方式的"牛鼻子"**。调查显示,如果将货币化退出和进镇上楼两种退出宅基地的方式合并,退出、平移和不愿参与集中居住的比例各占三分之一;56.1%的受访者表示"很愿意"或"比较愿意"参与现有的农民集中居住,其中,平移、上楼、货币化的比例是"五四一"。调查还显示,九个涉农区中,松江区(77.8%)农民愿意参与集中居住比例最高,崇明区(31.3%)则最低。农民参与集中居住的意愿差异大,动机更是多样。**第四,优化农村公共服务体系,提高公共服务能力是改善农民生活方式的"催化剂"**。调查显示,农民对公共服务总体上感到"很满意"与"满意"的占比为87.6%,"催化"了政府部门更好地谋划农村社会经济发展,改善农民的生活方式。

受访者反映,当前改善农民生活方式进程中还存在两大问题亟待破解:**一是农民居住条件还不理想**。调查显示,57.1%的上海农民房屋年龄已超过30年,近八成农民住房为2007年以前建设。调查显示,近五年有9.8%的农户参加了集中居住,即使再加大农民集中居住力度,短期内也难以明显缓解这一难题。**二是乡村风貌还没根本改变**。调查显示,除了宝山农民房屋比较新颖外,上海其他涉农区"布局分散、房屋破旧、风貌凌乱"的总体状态没有根本改变。

受访者有两个强烈意愿:**一是农民翻建房屋意愿强烈**。调研显示,在比较严格的政策限制下,仍有33.3%的农民希望翻建房屋。**二是农民改善公共服务需求迫切**。调研显示,农民最希望改善公共基础设施(37.3%)、增加文化体育娱乐空间(33.6%)和提供商业便民服务水平(31.1%)。

### (三)关于提升农村生态环境的调研

近年来,上海持续推进农村人居环境整治与优化提升,**农村改厕、垃圾分类、污水治理、水质提升等工作都走在全国前列,农民的获得感和满意度不断提高,99%的受访者表示对环境整体满意**。因为完成改厕、黑臭河道基本消除,农村生态环境极为改善,已成为乡村亮丽的底色。

调研显示,当前农村生态环境还存在两大短板:一是**人居环境改善提升尚未实现全覆盖**。由于资金、用地等支持明显不足,非保留村内垃圾乱扔、垃圾设施缺乏、公厕脏臭、管网损坏等还比较严重,河道黑臭还没完全消除。非保留村的农民受访者对环境的满意度比保留村、示范村要低5~10个百分点。二是**人居环境管护机制尚未建立**。主要原因有"三少",即政府管得少、村集体支持得少、农民参与得少。政府部门对公共基础设施普遍"重建轻管",村集体经济还不够壮大,不足以支撑村内环境维护、设施管护的支出。

从受访者的需求意愿看,**农民最大的期盼是提升河道水质**。调查显示,农民和游客对清洁美丽、生态宜居、生活便利等方面有着全方位的期盼,农村生态宜居的概念已从环境美延伸到形象美、人文美。大家最向往的乡村整体风貌是"传统乡野",理想中生态宜居的乡村建筑是民宿楼房和传统老民居。**农民还期盼乡村从外形美提升到内涵美,希望大力发展美丽经济,让绿水青山变成金山银山**。

**(四)关于提高乡村治理能力的调研**

近年来,上海坚持农民主体地位,农村党组织领导的自治、法治、德治相结合的治理体系日臻完善,农民对乡村治理的满意度达96.3%。**党建引领是根本**。农村基层党组织因地制宜整合各类平台资源,将党的领导核心地位和功能作用融入"三治"全过程,八成农民了解并参加过村里的各类议事决策活动,97.4%的农民认为村里能直接调处好邻里的矛盾冲突。**网格化管理是抓手**。农村基层治理将党建网格与管理网格、服务网格进行整合,推进"多网合一、多格合一",提高资源整合效率,87.2%的农民认为网格长经常联系或提供服务,发挥了桥梁纽带作用。**精细化服务是特色**。农民普遍对本村提供的各类服务表示满意,96%的人认为在宜居、便利方面做得较好。特别是各涉农区主动顺应数字化变革的新趋势,用数字为乡村治理赋能,89.8%的人认为村内数字化平台使用方便。

调研显示,上海乡村治理还存在两方面的不足:一是**乡村治理主体相对单一**。当下农村地区空心化、老龄化现象严重,村民参与议事协商活动积极性还不高,50%的受访者认为需要充分发动外来人员、经营主体等不同力量参与村级事务。**二是综合管理能力还不高**。村干部反映,智能化管理存在"硬件少,软件杂"的情况,"软件装上了,硬件死机了"的情况时有发生。26.4%的农民认为网格化治理理念不够深入,21.3%的农民认为网格员队伍文化水平不高,年龄偏大,发挥的作用不够充分。

从农民诉求看,**近郊地区农民更关心外来人口管理**。56.4%的近郊农民认为需要进一步加强对本村外来流动人口和出租房的规范管理。**远郊地区农民更关心保障公共活动空间**。36.8%的远郊农民盼望增加文化活动中心、老年活动室等公共场所的功能建设;72.6%的农民盼望加强法治内容宣传;59.9%的农民盼望配备乡村法律顾问,提供法律咨询援助。

**(五)关于推动乡村文化发展的调研**

近年来,上海积极推动乡村文化振兴,激活传统文化中的有益因子,注重由"物的乡村"迈向"人的乡村"。**在物质维度上**,着力打造高标准的公共文化空间,极大提升了农民对文化场所的满意度(90%);**在制度维度上**,着力搭建多层级的文化展演平台,基本形成了覆盖市、区、镇的常规性文化品牌项目,"村晚"已成为松江、金山、青浦等多个涉农区的保留节目;**在精神维度上**,着力推动移风易俗和文明乡风建设,有效促进农民在思想价值观念上的转型,性别、婚恋、孝亲、丧葬等生活观念较为开明。总体上看,上海的乡村文化具有高度的**丰富性和多样性,呈现出以农耕文化、水乡文化、海派文化相互融合的都市型乡村文化特质**。

调研显示,上海乡村文化发展过程中还存在三方面的问题:一是**乡村文化活动的覆盖面不足**。由于村里的文化活动大多在工作日开展,导致"参与者以老年人为主,年轻人较少;以本地人为主,外地人较少"的现象较为普遍。二是**村民自发组织程度不高**。农民参加"政府或村镇组织"(62.6%)和"单位组织"(42.8%)的文化活动比例较高,而由"有共同爱好和兴趣的人组织"(21.4%)、"邻居组织"(14.3%)以及"俱乐部或社区组织"(4.7%)的比例相对较低。三是**乡村文化遗产传承人后继乏力**。如沪剧、田歌、滚灯等非遗项目,现有的传承人往往年逾花甲甚至古稀,且以此谋生的收入不高,以致鲜有年轻人参与其中。

上海农民对高质量文化需求大。**呼吁最强烈的是希望提升文化产品配送频次和匹配精度。**不少农民反映,前几年受疫情影响,文化活动下乡的次数有所减少;相比高端的讲座和展览,老年农民更喜欢热闹的文艺演出,这类产品的配送量较低。**其次是为农村提供更多优质的文化场所。**对农村文化发展的改进领域,农民主要选择"增加文化场所的数量"(54.3%)、"丰富文化场所的类型"(48.0%)、"提升文化场所的质量"(45.4%)。**第三是盼望政府在人才和资金上给予更多支持。**

**(六)关于促进农民持续增收的调研**

本次调研样本主要选择在远郊地区,更加关注相对贫困群体,2022年农民家庭人均收入为3.5万元,低于全市农村常住居民人均可支配收入(39 729元)10%左右。总体上看,**农民对家庭收入的满意度水平为60.4(满分100,下同),工资性和转移性收入占比超过九成,是家庭收入的主要来源。**其中,工资性收入占比约54%,转移性收入(主要是养老金)占比约40%,财产性收入主要依靠土地流转费,人均约0.19万元。**农民普遍反映,家庭收入仅够维持日常生活消费,**"一周能吃一顿肉,改善一次伙食",七成以上的农民认为医疗支出高是收入不够用的主因。此外,人情往来也是家庭重要支出,每年在6 000元左右。

从不同类型的人群看,**老年农民群体**的月养老金水平为1 967.4元,对收入的满意度水平为59.9。其中,71.7%的老年农民享受城乡居民基本养老保险(俗称"农保"),月均1 458.8元;17.4%享受原"小城镇社会保险"(俗称"镇保"),月均2 511.9元;10.9%享受城镇职工养老保险(俗称"职保"),月均4 606.6元,三者差距明显。**该群体最大的期盼**是提高养老金额度,大多希望在现有的基础上增加1 000元。

**非农就业群体**平均月工资为5 448.8元,对收入的满意度水平为63.3。16~59岁的就业年龄段中,50.9%的人在民营企业上班,73.9%的人没有技能证书。**该群体最大的期盼**是通过培训提高就业技能(55.9%),其次是希望可以就近开发更多的公益性岗位(37.8%)。此外,16%的用人单位为其缴纳"农保",因此希望政府适当对用人单位为其缴纳"职保"予以补贴。

**农业从业群体**对收入的满意度水平为67.6,其中,经营主体的年均经营净收入约10万元,普通劳动者的年均报酬约2万元。从年龄结构看,老年农民的占比接近一半,经营主体招不到年轻人从事农业生产的情况较为普遍。**该群体最大的期盼**是希望政府加大对农业项目的扶持力度,比如提供相关补贴,并且帮助搭建统一的销售平台。

## 三、相关对策措施

### (一)促进乡村产业发展

优化农业补贴政策,增强补贴精准性;加强人才队伍建设,健全人才保障体系;盘活现有土地资源,探索灵活用地方式;推动农业招商引资,建立产业投资基金;加大政府支持力度,推动创新融合发展。

## (二)改善农民生活方式

完善大都市郊区空间形态整体规划,优化农民相对集中居住政策组合,疏通农民建房政策堵点,完善农村公共服务设施,大力发展"互联网＋健康"服务。

## (三)提升农村生态环境

消除生态环境改善的盲区,构建生态环境长效管护机制,改善村沟宅河水质,注重乡村风貌塑造。

## (四)提高乡村治理能力

丰富乡村治理主体,提高综合管理能力,加强对外来人口管理,保障公共活动空间。

## (五)推动乡村文化发展

拉大文化活动覆盖面,提高村民自发组织程度,解决乡村文化遗产后继乏人的问题,精准配送文化产品,为农村提供优质文化场所,满足乡村文化人才和资金保障需求。

## (六)促进农民持续增收

多措并举促进各类农民群体持续增收,实施新一轮农村综合帮扶。

附件:上海与全国问卷调查结果比较分析

附件：

# 上海与全国问卷调查结果比较分析

## 一、农民未来愿不愿意种粮

上海农民中的种粮比例虽然低于全国，但普遍看好种粮前景，种粮意愿明显高于全国水平。调查显示，上海有57.5%的农民种植粮食，比全国低18.3个百分点，但上海种粮农民继续种粮的意愿达77.7%，高出全国5.8个百分点，特别是种植面积在20亩以上的大户及家庭农场，未来继续种粮的意愿达88.9%。对此，上海的镇村干部也持乐观态度，有72.3%的受访者认为近年来农民种粮积极性有所提升，高出全国29.5个百分点。**特别是上海积极推动"卖稻谷"向"卖大米"转变，大幅提高种粮效益，是种粮农民积极性高的原因。**调查显示，上海约50%的种粮农民以出售为目的，而全国只有1/3的种粮农民以出售为目的。松江区通过大力发展粮食生产家庭农场，户均净收入达18万元，使农业成为一份"体面的职业"。

调查也显示，上海与全国的情况一致，制约农民种粮积极性的主要因素是"种粮收益低"（70%）、"粮食最低收购价格偏低"（54.8%）。

## 二、进城落户，农民啥意愿

上海作为国际化大都市，有41.6%的农民想进城落户，意愿高于全国水平(29.9%)。**在进城落户的位置选择上**，上海由于城乡空间的融合度高，农民最想在就近的乡镇落户(45.6%)，而全国农民最想落户的地点则是在县城(45.0%)。**在进城落户后是否保留承包地和宅基地上**，67.8%的上海农民选择保留，全国则有83.3%农民选择保留。上海城乡经济发达,农民对土地的依赖度相对较低,这是进城落户意愿高于全国的一项重要支撑因素。

调查也显示,**对不愿进城落户的情况**,上海农民选择的根本原因是"农村人居环境改善"(67.0%),而全国则只有44.6%。另外,全国有17.1%的农民考虑到"城镇生活成本高"而不想进城落户,上海则没有农民把它作为不愿进城落户的理由。

### 三、公共服务,农民怎么选

调查显示,上海农民对公共服务的总体满意度达到87.6%。**医疗方面**,九成上海农民选择在本区内看小病,就医选择与全国情况一致;但在看大病时,65.6%的上海农民选择在市区大医院就医,全国则只有48.5%的农民选择到市里大医院就医。**教育方面**,上海农民子女的学前教育集中在镇区,仅有5.1%的农民选择在本村托幼,而全国在村里托幼的比例达到29.2%。义务教育阶段,上海农民子女大多在区级及以上学校读书,其中小学74.5%、初中71.5%,分别比全国高了15.2%和9.5%。

总体上看,上海市域面积小,城乡基本公共服务和基础设施均等化水平相对较高,医疗和教育资源供给比较充足,因此无论是到市区就医还是到城区入学,都极为便利。调查显示,85.5%的农民对乡村道路设施满意,86.2%的农民认为村内停车容易,87.9%的农民认为取快递方便,半数以上农民靠骑行就能满足日常出行需求,这些都是上海农民就医就学满意度高的重要支撑。

### 四、农民愿意怎样养老

调查显示,上海和全国均有八成以上的农民选择在农村家里养老。**对为何选择在农村养老**,上海农民最看重的因素是"农村自然环境好"(64.9%),全国农民最看重的因素是"农村消费低"(60.9%)。**在养老条**

件上,全国有七成农民将"有地种有房住"作为其养老的最大依托;相比之下,上海已构建了覆盖城乡的养老保障体系,61.8%的农民将政府提供养老金作为其养老的最大依托。

### 五、农民愿意怎么住

调查显示,79.5%的上海农民对现有居住条件感到满意或基本满意,低于全国水平(91.7%)。上海近六成的农房建于1993年前,总体较为陈旧,46.9%的上海农民认为本村还有危房存在。**对于当前的住房条件**,75.5%的上海农民期望改善,远高于全国40.4%的比例。**对于建房规划**,77.8%的上海农民认为未来建房需要统一规划,高于全国67.1%的比例。**对于风貌统一**,上海农民对现有农房(75.3%)和新建农房(82.1%)风貌应当统一的意愿也明显高于全国的比例(56.6%和61.3%)。**对于闲置房屋利用**,上海农民有63.8%希望自行出租或经营,30%希望交由村集体打理;全国农民则恰恰相反,32.9%希望自行出租或经营,43.4%希望交由村集体打理。上海有56.1%的农民希望搭乘相对集中居住的政策东风。

### 六、农村改厕,农民怎么想

调查显示,**上海农村改厕工作全面完成,卫生厕所普及率接近100%**,而全国仅有六成农户完成了改厕。上海农民对改厕效果的满意度为98.8%,比全国(93.1%)高出5.7个百分点。上海农民对改厕工作不满意的原因依次为缺乏维修服务(25.9%)、化粪池容积偏小(13.8%)、排水不畅(13.3%)和设计不合理(9.3%)等,而全国不满意的原因主要是冲水不方便(54.1%)、粪污清掏不方便(42.1%)和缺少维修服务(40.7%)。调查还显示,上海和全国一样,缺少维修服务,长效管护机制还不够完善,管护服务能力仍需提升,这是农村改厕需要继续加强的地方。

**七、村内公共基础设施管护,农民怎么想**

调研显示,上海村内公共基础设施管护效果明显好于全国,58.9%的农民认为"很好",而全国仅为22.1%。未参与过管护活动的农民比例,上海(61.8%)与全国(67.5%)接近,但未参与的原因不同。**上海未参与管护的农民**,主要是"不了解相关政策"(46.3%)和"认识有偏差"(27.2%),认为管护都是政府的事,个人没必要参与;**全国未参与管护的农民**,主要是"村里没人组织"(37.3%)和"家里经济条件或人力条件不允许"(23.3%)。调研还显示,在参与村内公共基础设施管护方式上,上海农民参与志愿服务的热情较高(33.8%)。对如何发动农民参与管护上,上海和全国的农民都希望政府加大宣传力度,加强信息发布。

**八、文化生活,农民怎么过**

文化活动偏好上,**上海农民追求精神层面的享受,全国农民偏爱体锻健身**。调查显示,上海农民最喜欢的活动分别是"电影、电视剧等观赏"(56.3%)、"公益志愿者服务"(35.1%);全国农民最喜欢的活动分别是"广场舞等歌舞活动"(43.7%)、"乒乓球等体育活动"(32.5%)。相较而言,上海农民比较看重精神愉悦和陶冶情操,全国农民更喜欢通过体锻活动达到强身健体的目的。

文化活动选择上,**上海农民热衷社交活动,全国农民经常收看影视广播**。调查显示,闲暇时,上海农民最常参加"朋友聚餐、聊天等社交活动"(67.9%),全国农民主要侧重于"看电视电影听广播"(62.1%)。值得一提的是,"刷手机"均是全国农民(47.1%)和上海农民(54.2%)消磨时间的第二乐趣。

文化场所使用上,**上海农民使用的积极性远高于全国水平**。上海农民和全国农民最常去的村内文化场所均依次是"文化活动广场""老年活动室"以及"图书馆/农家书屋",上海农民对三类场所的使用频率分别是

60.2%、43.4%和37.7%,均比全国使用频率(37.8%、21.2%和11%)高出一半左右。

**文化传播形式上,上海农民倾向于现代的网络新媒体,全国农民倾向于传统的电视广播。**调查显示,全国农民最接受的文化传播形式是"电视广播"(65.5%),上海农民则对"手机微信/微博等网络新媒体"(80.1%)的接受度最高,这也与上海农民闲暇时"刷手机"的比例高于全国农民相互印证。

### 九、乡村治理,农民怎么看

**上海村级党组织引领乡村治理坚强有力,党员先锋模范作用彰显。**调查显示,上海村级党组织在改善村庄人居环境(82.9%)、开展基础设施建设(81.9%)、加强农村精神文明建设(69.7%)等乡村治理工作中发挥引领作用,农民的满意程度明显高于全国的44.4%、48.9%和39.4%。同时,95.7%的农民认可党员发挥了先锋模范带头作用,远超全国53.1%的比例。

**村干部形象积极正面,年龄结构合理,群众认可度和信任度高。**调查显示,99%的上海农民认为村干部年龄结构合理;97%认可村干部在遵守党纪党规、公正清廉方面的表现;89.3%遇到矛盾纠纷时优先选择找村干部反映情况,三个方面均高出全国20个百分点以上。

**村民对自治的认可程度和参与意愿比较强。**调查显示,63%上海农民认为村规民约的约束力最大,高出全国水平一倍;相比之下,全国的农民更认同法律约束(全国47.6%,上海31.7%)。对乡村治理中最重要的工作,37.1%的上海农民认为是"参与村庄公共事务决策",远高于全国的11.6%。

### 十、移风易俗,农民怎么看

**上海农村移风易俗成效明显,不良风气处于较低水平。**调查显示,全国有77.2%的农民认为本村有不良风气,上海则只有52.2%的农民认为本村有不良风气。从农村各类不良风气看,重男轻女、赌博成风、封建迷信、不孝老人等情况,上海普遍比全国低1/3至1/2。其中,对婚嫁情况,全国农民认为"彩礼高"的有43.6%,上海仅25.1%的农民认为"彩礼高"。对"制止农村不良风气的措施"和"制止农村不良风气有效主体"的选择,上海与全国的情况相一致,农民认为要更多依靠地市级政府制定行政规章来加以遏制。

**十一、农村土地利用啥情况**

**上海农村的承包地流转率和契约规范化程度高**。调查显示,上海农村户均自有耕地面积3.14亩,低于东部地区平均水平(5.03亩);九成以上农村承包地均已流转,流转率在全国名列第一。上海土地资源稀缺性高,调查农民的耕地撂荒比例较低(上海占0.8%,全国占8.1%)。上海农地流转合同签约率100%,流转期限平均为三年,流转稳定性达85.4%,高于全国水平(60.2%)。**上海农村宅基地利用规范性也高于全国**。调查显示,上海"一户一宅"的家庭比例为93.3%,高于全国水平(82.3%)。同时,相较于全国376.2平方米的户均宅基地面积,上海67.2%的农民家庭宅基地面积是小的,都在200平方米以下。

# 5

# 清美集团做足"鲜"字文章助力乡村振兴

做好鲜的品质,是上海发展都市现代绿色农业的最大优势。上海清美绿色食品(集团)有限公司(以下简称清美集团)作为国家重点农业龙头企业,深耕上海辐射全国,数十年如一日在"鲜"字上做文章,着力打造三产融合的绿色食品全产业链,集源头研发、现代农业、产品加工、冷链物流、市场销售、餐饮服务于一体,积极参与"菜篮子"工程和早餐工程,年销售额达 120 亿元,筑牢了乡村振兴的产业基石。

## 一、坚守初心,树立鲜明的发展理念

清美集团成立于 1998 年,由制作豆制品起家,到现今产品涵盖豆制品、面制品、蔬果、禽蛋、肉类、方便食品、轻食、粮油等 16 大类，日产各类鲜食产品超 5 000 吨，已成为市民餐桌上的"心头好"。25 年来，清美集团坚守企业初心，**始终秉持"安全、好吃、不贵"的发展理念**，建设自有生产基地和销售网络，在农业种植、生产加工、品牌包装、冷链物流各环节严格管控品质，确保种好每一颗上海菜，育好每一粒上海米，服务每一位上海人，使"清美"成为中国驰名商标，并获得全国农产品加工示范企业、上海市高新技术企业等多项荣誉。

目前，清美集团通过打造**自建、共享、共建、联建四大合作模式**，在上海和全国分别建设了 7 000 亩高标准蔬菜种植基地和 50 万亩农业生产基地，并以工业化的思维经营农业，通过产品标准化、流程标准化和作业标准化，将企业打造成为产业链集成商，保障了生鲜农产品供应的稳定、低成本与快速，**实现了"五最"**：即全球最大的生鲜豆制品加工基地、全国最大的预制早餐生产基地、全国最大的生鲜食品加工基地、全市最多的直营连锁门店、全市最大的冷链物流车队。

## 二、创新进取，供应鲜美的绿色产品

产品品质是企业的立身之本，清美集团坚持创新引领，确保每一款产品新鲜味美。

**用科技增能**。与上海市农科院、上海交通大学等 20 多家科研院所合作，成立农业产业研究院、食品设计研究院、高标准现代化实验室、创新设计中心、上海市企业技术中心，用食品工业标准化体系建设农业，打造植物工厂。同时，注重突破种源核心技术，培育具有自主知识产权的品种 30 余项，并结合地理纬度分布培育 5 类绿叶菜种源，在云南、甘肃、青海等地实现品种和技术输出，让市民"吃菜跟着纬度走",一年四季尝时鲜。

**用数字增效**。建设数字化无人水稻种植基地,利用边缘计算技术实现病虫害诊断和叶面积指数识别,通过水稻全生育期农情智能检测为用药用肥做决策,较常规水稻生产每亩可减少32%的化肥用量和40%的农药用量。目前,清美数字化无人水稻种植集体入选2022年国家人工智能创新应用先导区"智赋百景",每亩水稻利润率达33.3%。此外,清美集团还实现了绿叶菜全程数字化、机械化生产。其中,鸡毛菜种植效率提升25倍,亩均产值8万元(最高可达12万元)。一对夫妻可管理50亩地,年净收入达32万元。

**用冷链增鲜**。在生产环节,做到蔬菜采收半小时内进冷库存放,通过两小时降温将表面温度控制在3~5℃,使蔬菜充分保持最佳新鲜度;包装车间建有冷链流水线300多条,温度控制在15℃,减少蔬菜代谢品质损耗。在流通环节,组建500辆的自营冷链车队,对配送路线、配送时间、车内温度全面实时掌控,确保半径500公里内鲜食配送,实现了"从工厂到市场"的冷链无缝对接各销售终端。

## 三、深耕市场,构建鲜活的商业模式

清美集团利用自身产品和渠道优势,迎合当下市民日常生活和购物消费的趋势潮流,不断创新经营体系,以五种商业模式构建五大终端品牌,向市场供应鲜美农产品。

**"清美鲜家"**主打生鲜便利店模式。以每10亩生产基地供应一家门店为规模,以每家门店服务周边300米约2 000户社区居民为半径,在全市开设了900余家门店,"卖点"实现了从豆制品、早餐包向蔬菜、奶制品等多元化销售的转变。

"清美鲜达"主打B2B直配模式。依托自身强大的中央工厂定制加工能力,采用冷链物流、热链物流、限时配送等灵活方式,为长三角地区30 000多家学校食堂、酒店餐饮、企事业机关等客户提供新鲜食材和日杂百货直送服务。

"清美云集"主打OMO体验店模式。打造新一代数字化智慧菜场,采用店仓一体化线上线下融合运营,实现线上预定、线下提货,线下体验、线上购买等灵活高效的购物服务,周边3公里下单后30分钟即可送货到家,全面提升顾客的购物体验。

"清美味道"主打社区食堂模式。依托自身强大的中央厨房加工能力和标准化管理能力,实现前中后台一体化管理,经营早、中、晚餐,以多品类快捷餐饮业态为市民提供全天候、高品质、超快捷的饮食服务和消费体验,助力养老型社区发展。

"清美鲜到"主打社区前置仓模式。自建骑手团队,为用户提供生鲜外卖,App下单后最快28分钟送到,满足市民线上生鲜采购需求。

## 四、回馈乡邻,担起鲜亮的社会责任

清美集团立足自身全产业链的发展优势,主动承担社会责任,带动农民就业增收,为我市实施乡村振兴战略和开展东西部协作作出贡献。

**参与创建乡村振兴示范村。** 2020年起,清美集团先后参与了浦东新区4个乡村振兴示范村的创建工作,在资金、项目等方面持续投入,助力村民实现"生活富裕",成为社会资本参与乡村振兴的典型。例如,清美集团投资4 300万元在宣桥镇腰路村建设蔬菜产业化联合体、为老服务中心、人才公寓、社区便利店等项目,创造了200个就业岗位,使村集体经济年增收242万元,农民年累计增收1 208多万元。

**勇挑东西部协作社会责任。**清美集团利用其遍布全国,特别是西北、西南、东北地区基地的优势,每年面向各地采购农产品20亿元,为当地提供了1万多个就业岗位,带动2万多农民增收致富。同时,积极推进与上海对口支援地区的劳务协作,从云南、贵州、四川、甘肃等偏远地区招募876名员工到上海总部就业,使900多个家庭的年收入超过30万元。

未来5年,清美集团计划在全市开设4 000家经营门店,立足农业打造富有竞争力的产业链,带动链上的不同主体、合作伙伴"鲜花竞放"。为使这朵"鲜花"开得更加艳丽、持久,政府部门应进一步加大支持力度:硬件上,需要在设施农用地配备、数字智能装置应用等领域予以倾斜;软件上,需要生产、流通、销售各环节的监管部门和属地政府共同合作,提供良好的营商环境,让优秀企业共享超大城市乡村振兴的硕果。

# 嘉定区农村集体经营性收入位居全市榜首的调研分析

近年来,嘉定区始终坚持把农村集体经济高质量发展作为实施乡村振兴战略的重点任务,坚持多措并举、改革创新,因地制宜探索发展集体经济新产业新业态,增强集体经济造血功能,为全面推进乡村振兴增动力、添活力。2022年,嘉定区农村集体经济组织经营性收入达100.66亿元,位居全市第一(见图1)。

## 一、基本特征

经调研分析,嘉定区农村集体经济的发展呈现四个特征。

**1. 镇村两级集体经营性收入各占半壁江山**

嘉定区镇级集体经营性收入44.4亿元,镇均4.0亿元,占

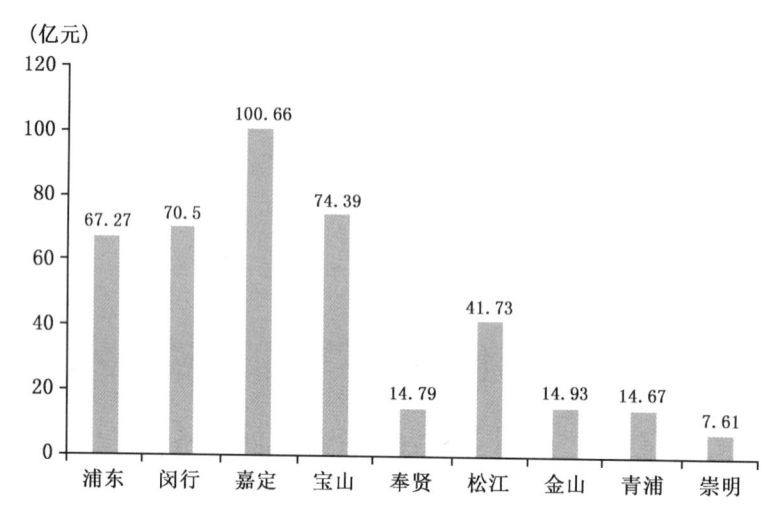

图1 2022年各涉农区集体经济组织经营性收入

| 区 | 金额(亿元) |
| --- | --- |
| 浦东 | 67.27 |
| 闵行 | 70.5 |
| 嘉定 | 100.66 |
| 宝山 | 74.39 |
| 奉贤 | 14.79 |
| 松江 | 41.73 |
| 金山 | 14.93 |
| 青浦 | 14.67 |
| 崇明 | 7.61 |

44.1%；村级集体经营性收入56.2亿元，村均3 772万元，占55.9%，区、镇村两级集体经济发展水平旗鼓相当。

**2."物业租赁型"经济收入占比高达七成**

嘉定区农村集体物业资产租赁、房地产等经营收入达72.7亿元，占72.3%，物业经济、土地经济是目前农村集体经济收入的主要来源。

**3.投资收益成为集体经济新的增长点**

全区农村集体投资收益共计8.9亿元，占比近一成，投资入股等方式成为农村集体经济增收有力助推器。

**4.村级集体经济项目类型呈现多样化**

全区149个村级集体经济组织涵盖了7种项目发展类型，分别是物业出租型、土地流转型、休闲旅游型、产业融合型、资产参股型、抱团发展型和委托管理型。丰富的项目类型为嘉定区农村集体经济创收提供了强有力的支撑。

## 二、主要做法

嘉定区发展壮大农村集体经济,主要有五种做法。

**1. 盘活集体资产,"腾笼换鸟"提实力**

对合同到期、租金收缴不及时、租金价格异常等情况的企业,嘉定区农经管理部门审慎作出判断,及时清退并盘活低效用地,为农村集体经济发展腾出空间,使其从"低速道"迈上"快车道"。如马陆镇北管村,在腾退低端密集型加工企业后,开展产业链精准招商,严把项目准入关,引进互联网2.5产业,吸纳更多年轻创客在农村扎根创业。目前村辖内规模以上企业17家,如韩国爱茉莉化妆、美国百事食品等,2022年全村经营性收入2571.8万元。

**2. 锚定扩源增收,发展"飞地"添动力**

在用地集约化、区域协同发展的背景下,嘉定区突破地域思维限制,"走出去"发展"飞地"经济,由区、镇、村农村集体经济发展平台公司统筹农村集体存量资金开展联合跨域投资,实现发展要素互补、发展成果共享。如华亭镇联一村、塔桥村、连俊村、双塘村探索了一条村级集体经济增收与嘉定新城融合发展的新路,四个村共同出资5132万元,"组团"在嘉定新城保利国际广场购置整层办公物业,总产权面积约2934平方米,收益率达5.3%。

**3. 秉持合作共赢,"组团发展"聚合力**

嘉定区坚持以富村带弱村,强化镇村联动、村村联合等"组团发展"思路,搭建统一运营的农村集体经济发展平台,突破资金、土地制约,采用"长期租赁""租税联动""先租后让"等方式发展优质集体项目,实现合作共赢,促进农村集体经济保值增值。如外冈镇搭建镇村联投平台"联鑫企业发展有限公司",统筹管理运营闲散在 19 个股东村的集体资金,2021 年 2 月出资 7 980 万元收购詹尼克资产项目,后与上海隆昇签订十年租赁协议,年租金约 600 万元。

### 4. 积极招商引资,"筑巢引凤"注活力

嘉定区以充分挖掘资源禀赋、提升基础设施为导向,以调优产业结构、构建产业集群为目的,多维度打造适宜本村的特色产业,进一步凸显乡村土地、物业等资源价值,促进乡村一二三产融合发展。如南翔镇小美科技园就是根据南翔产业发展导向要求,先后投入 4 亿多元资金,历时四年将原有老旧厂房重建而成的,现已引进多家精准医疗企业、机器人智能制造企业入驻,2022 年税收达 5 000 多万元。

### 5. 发挥综合优势,"国企帮扶"显助力

近年来,嘉定区积极探索国企助力乡村振兴发展的新模式,通过摸底区属企业、农村集体经济组织的合作意向,精准对接乡村需求,发挥国企在资金、技术、人才、项目等多方面优势,充分整合双方资源,以企带村、以村促企。如上海安亭实业发展有限公司与上海国际汽车城集团、上海东浩资产经营有限公司共同投资上海东浩兰生嘉新科技服务有限公司,注册资本 3 000 万元,通过科技成果转化服务模式,助力农村集体经济发展。

## 三、下步措施

为激发农业农村发展活力,2024 年 6 月,嘉定区出台了发展壮大农村集体经济的指导意见,计划至"十四五"末形成一批产业集群、发展一批优质项目、完成帮扶一批经济欠发达村,实现农村集体经济经

营性收入持续、健康、稳步增长，促进农村经济社会又好又快发展。未来，嘉定区将重点从"拓投向、严程序、管回报"三个方面下功夫：

**1. 拓展有效投资领域**

继续在拓宽发展路径上下功夫，由区国资委制定区属国企参与乡村振兴建设发展行动方案，以"国企帮扶"助力农村集体经济发展；加快盘活农村集体存量资金，推进国资助力、金融支持的农村集体经济集合委托贷款项目，把村里长期"躺"在账上的资金利用起来，以此提高集体经济组织收益率。同时，通过村级组织基本运转经费补贴、贷款贴息、购置经营性物业"以奖代补"等形式，放大财政资金杠杆效应，缓解经济欠发达村资金不足的矛盾。

**2. 严格各项监管程序**

继续在加强监督管理上下功夫，尊重农民群众的主体地位，严格履行相关民主程序，依法保障农村集体经济组织成员的知情权、表决权、收益权、监督权；建立健全农村集体经济组织各项监督管理制度和内部运行管理机制，理顺所属企业投资关系，强化项目监督管理，实行分类风险防控，确保村级不产生新的不良债务，农民不增加负担。

**3. 促进集体经济可持续**

继续在促进集体经济转型升级上下功夫，鼓励有条件的镇探索收益托底保障机制，为村级集体经济发展保驾护航；培育和引进发展农村集体经济所需的经营型、管理型和服务型人才，加强薪资和福利待遇保障；加强对农村集体经济高质量发展工作的监督和考核，纳入各镇年度绩效考核体系。

# 浦东新区探索农业产业化联合体发展新模式初见成效

近年来,浦东新区以"品牌+主体+基地"为基础架构,积极探索"农业产业化联合体"发展新模式,成功打造农产品生产加工销售的完整产业链,健全了农业增效、农民增收的长效机制,成为继松江家庭农场之后又一现代都市现代农业发展的样板。

## 一、基本情况

2017年起,浦东新区制定完善了农业产业化联合体认定和运行监测管理办法,开启了以良元稻米产业化联合体等为代表的"品牌+主体+基地"的农业产业化发展路径。2019年,借助创建乡村振兴示范村的东风,浦东新区继续探索了"农业产业化联合体"的发展新模式,有效破解了以往农业生产组织化程度不高的困境。截至 2024 年上半年,全区共培育了 35 家农业产业化联合体,加盟成员包括 217 家农民专业合作社、140 家家庭农场和 455 户生产大户,辐射带动区域内农户 6 908 户,生产经营面积约 16.8 万亩。形成了三种主要经营类型:一是由**农业龙头企业牵头**,共 11 家,如清美蔬菜产业化联合体等;二是由**镇属集体企业(镇农投公司)牵头**,共 4 家,如惠南镇丰盟稻米产业化联合体等;三是由**农民专业合作社牵头**,共 20 家,如良元合作社组建的良元稻米产业化联合体等。

通过联合体牵头单位与成员及农户之间建立生产联结机制和利益共享机制,农业产业化联合体的综合效益日益显现。2022 年,浦东新区农业产业化联合体实现销售额 9.6 亿元,占全区农产品销售总额的 22.2%,良元合作社、生飞家庭农场获评农业农村部第四批全国新型农业经营主体典型案例。

## 二、主要做法

### (一)加大支持力度

区农业农村委制定相关政策,对挂牌成立一年及以上,并通过上年度考核的农业产业化联合体进行奖补。奖补标准为:农业产业化联合体牵头单位收购联合体成员单位和农户生产的地产农产品并进行销售,收购金额超过 100 万元的,按照收购额的 5% 进行奖励补贴,每个单位每年补贴不超过 100 万元。经审核,2021 年有 11 家联合体获得地产农产品收购奖励补贴,共 603.6 万元;2022 年有 19 家联合体获得地产农产品收购奖励补贴,共 869.2 万元。

## (二)完善组织管理

农业产业化联合体由成员共同制定的联合体章程,明确责任分工:牵头单位主要负责农产品加工和销售,制定统一的生产规划和生产标准;合作社主要负责农业社会化服务,为家庭农场提供产前、产中、产后一条龙服务;家庭农场和普通农户按照标准进行农业种植养殖生产。比如,良元稻米产业化联合体拥有7个合作社、21个家庭农场、17户种植大户,辐射带动225户农户,水稻种植面积达1万亩。每年由良元合作社通过订单模式与家庭农场、农户确定水稻种植面积,商定统一收购价格;生产前统一供应水稻品种和化肥,生产中定期开展种植培训、跟访、技术交流,保证稻米品质。

## (三)注重强链延链

浦东新区突出"两手抓",引导农业产业化联合体打造全产业链。**一手抓主体联合品牌引领,打造特色产业集合型农业产业化联合体。**围绕农业龙头企业和区域公共品牌联社,以龙头企业(合作社)为引领、家庭农场跟进、小农户广泛参与形成产业联盟,通过细化品级分类和专业分工,充分对接前端供应,打造特色单品型产业化联合体,打响了"清美蔬菜""红刚青扁豆"等知名品牌。**一手抓产销对接精深加工,打造全产业链型和配送整合导向型农业产业化联合体。**发挥龙头企业(合作社)加工、流通等优势,通过设立直销连锁门店、网上直销平台等,开辟浦东地产农产品"直通车";发挥产业联合体组织管理、加工转化优势,把"拎篮叫卖"的农产品加工成标准化、品牌化的商品,提高附加值。此外,以营销配送企业为牵头单位的农业产业化联合体，通过标准化分拣包装，落实农产品品控，打造品质稳定、标准化的品牌农产品，带动浦东和对口援助地区合作社、农户共同发展。

## 三、主要成效

一是实现了产业升级。发展农业产业化联合体，打通了上下游、稳定了产供销，通过细化品级和专业分工，提高了农业组织化生产能力。比如，清美蔬菜产业化联合体由牵头单位清美集团为各成员提供生产资料及技术，提高生产端的种植水平；集团按签约价收购，平均日订单采购 80 余吨，带动周边近 2 万亩基地进行蔬菜规模化生产。

二是拓宽了产品市场。拓宽优质优价地产农产品的供应渠道，有效解决农民卖菜难、市民买菜贵等问题。比如，航头镇长达村与"盒马鲜生"共建盒米村果蔬产业化联合体，以订单采购方式向成员单位传递生产任务，按照下游销售企业的标准进行分拣、包装，统一使用自主品牌"米果"商标，年均收购地产农产品达 4 000 多万元，集中供应给盒马、天猫等大平台。

三是促进了农民增收。各产业化联合体坚持平等协商、民主决策、合作共赢，建立牵头单位与联合体成员及农户之间的利益联结长效机制，以订单农业实现"二次分红"，促进农民增收致富。比如，良元稻米产业化联合体将可分配盈余的 60% 根据成员的交易量（额）进行二次分配，2022 年返还盈余 135 万元，成员人均分红 3.2 万元。

## 四、下一步工作方向

### (一)引领绿色发展机制,扩大联合体的影响力

落实创建绿色生产基地等措施,推进品种培优、品质提升、品牌打造和标准化生产,扩大农业产业化联合体成员对各类农业经营主体的覆盖面和辐射带动力。

### (二)强化利益联结机制,提升联合体综合效益

引导联合体牵头单位与联合体各成员之间、联合体与普通农户之间开展深度融合和抱团发展,建立健全土地、资金、技术、品牌、信息等各类资源要素共享机制,按章分红、利益共享。

### (三)完善优胜劣汰机制,推动联合体可持续发展

做好对农业产业化联合体的年初备案、年中监测和年度考核,考核合格的享受相关补贴政策。对连续两年考核不合格的联合体,则予以淘汰。

# 奉贤区发展"百村"系列公司的探索与实践

奉贤区地处远郊,共有176个行政村、182个村集体经济组织。近年来,奉贤区创新搭建"百村"系列公司,不断优化工作机制,推动农村集体资产管理模式创新融合,探索出了一条具有奉贤特色的农村综合帮扶、促进农民共同富裕的新路子。据统计,"百村"系列公司自成立至今已累计分红到村7.99亿元。

## 一、基本情况

"百村公司"是奉贤在区层面统筹资源建立的村级集体经济联合体,将经济薄弱村的帮扶资金变为发展资金,公司获得的收益反哺回各村,用于提升公共服务、改善村容村貌、帮扶困难村民等。2013年以来,奉贤区先后成立百村实业公司、百村科技公司、百村富民公司、百村谊民公司等四个"百村"品牌系列企业。

四家"百村公司"的运作及投资入股分红模式各不相同、各具特色。2013年成立"百村实业"公司,作为我市第一轮农村综合帮扶承载平台,由区内100个经济薄弱村各出资10万元共同参股,投资拥有3项物业,村均分红由最初的30万元增至100万元,累计分红7.15亿元。2018年成立"百村科技"公司,通过全区176个行政村出资占股88%、奉投集团代表国资占股12%,公司实现完全市场化运行,以国有资产带动集体资产混合发展,累计向村集体经济组织分红4797万元。同年11月成立"百村富民"公司,作为我市第二轮农村综合帮扶承载平台,由区内94个薄弱村共同出资,投资区内优质物业、工业用地的开发建设和运营,所得收益的70%用于精准帮扶生活困难农户,累计发放补助资金3792万元。2020年成立"百村谊民"公司,围绕提高三峡移民后期扶持项目资金的使用效率,通过购置资产"造血",定向服务三峡移民帮扶涉及的69个移民村,累计发放补助资金226万元。

2023年8月31日,奉贤区在百村科技公司的基础上升级成立了上海百村经济发展(集团)股份有限公司,将百村实业、百村富民、百村谊民和区内其他6个村集体经济组织归并吸纳,覆盖全区所有集体经济组织。百村集团共设立股份200股,182个村集体经济组织每个持1股,占股91%,区国资委占股9%,以"存量资产老办法,转移支付和新增收入平均分"为原则,根据各个村集体经济组织的实际情况,在公司章程中特别设计差异化的持股和分配方案,解决农村综合帮扶产生收益不平衡、不充分的问题。

## 二、主要做法

近年来,"百村"系列公司立足农村综合帮扶的主责主业,在巩固物业经营、加强招商引资的基础上,不断拓展经营渠道,持续提升经济效益和社会效益,提升了品牌的美誉度。

**一是开展精准投资。**"百村"系列公司创新了国集联动发展、市场化和股权化等模式,瞄准区内优质资源和项目,建立规范遴选和风控管理机制,聚焦民生、商业、产业三大类项目进行精准投资。在**民生项目方面**,百村科技公司与市属国企上海环境集团合作成立上海维皓再生能源有限公司(占股25%),负责建设运营奉贤区垃圾末端二期处置中心;在**商业项目方面**,百村富民公司与区属国企交能集体合作成立上海百村贤能置业管理有限公司(占股86%),共同运营管理龙湖天街办公楼项目,确保每年获得5%的收益率托底。在**产业项目方面**,百村科技公司与民营企业合作开发启迪智慧港产业园(占股25%),聚焦生物医药、新材料等新赛道,孵化科创型企业。

**二是注重深化改革。**奉贤区将上海农业要素交易所委托百村集团管理,依托其在农业要素交易的合规性、稀缺性特质,在推进农村土地流转,开展农村集体资产公开租赁与产(股)权转让交易及其他交易品类开发的基础上,探索全区乃至全市农业要素市场化改革,激活农村资源资产促进要素流动。

**三是拓展多元功能。**"百村"系列公司通过探索提高农民资产性收入,注重拓展集体资产的居住、公共服务等多元功能,探索盘活利用农村闲置宅基地房屋,参与建设了17家乡村民宿、102户乡村版"人才公寓"和500家"四间堂"农村社区居家养老睦邻点,既规范了房屋租赁行为,又推动了乡村产业转型升级,提升了农村公共服务的品质,带动农民持续增收。

### 三、经验体会

奉贤区历届区委、区政府高度重视农村综合帮扶,将其纳入全区的重点任务,建立健全组织领导架构,谋划工作举措,解决实际问题,不断完善帮扶政策体系,夯实制度基础,做到了"两手抓":**一是抓机制的创新**。奉贤区始终坚持把农民利益放在首位,重点聚焦经济薄弱村、生活困难农户、三峡移民等群体,创新搭建"百村"系列公司,在做好农村综合帮扶的基础上,探索"国有资产带动集体资产,集体资产带动农民增收"的集体经济发展路径,将帮扶资金变为发展资金,实现了从"输血"到"造血"的转变,做大"百村"系列品牌。**二是抓政策的支持**。奉贤区以国家农村宅基地制度改革试点为契机,鼓励农村集体经济组织及其成员通过自营、出租、入股、合作等多种方式,探索利用闲置宅基地引进符合规划要求和产业导向的优质企业,发展壮大集体经济。比如,设计宅基地置换"政策超市",确保房产、现金、股权"总有一款适合你";创新财税激励措施,对村集体予以财政扶持优惠结算。

当前,奉贤区在发展"百村"系列公司过程中还存在一些薄弱环节,如"造血"功能还不强,集体资产盘活利用率还不高,带动农民参与经济活动成效还不明显,集体经济发展转化为农民增收能力还不强。

下一步,奉贤区将着力打造农村集体经济"百村"集团式发展矩阵,**完善平台功能**,打造优化农村综合帮扶政策的实践平台,统筹全区农村集体经济发展的运营平台,协调推进奉贤乡村全面振兴的服务平台,国集联动实现共同富裕的共享平台;**创新发展机制**,探索全区农业资源资产化发展,提高乡村资源的利用率和产出率,通过相关投资、运营深度参与乡村振兴,提升"造血"能力;**加大改革力度**,参与农村"三块地"改革,激活农村土地要素,建立收益共享的开发模式,推进乡村产业、精品民宿、人才公寓等项目开发建设,促进村级经济健康发展。

# 9

# 嘉定区建成 4 000 亩无人农场为农业现代化探出新路

嘉定区在全市率先运用物联网、云计算、大数据和人工智能技术建设"数字化无人农场产业片区",已形成 4 086 亩粮食生产示范区,实现了耕、种、管、收各环节的无人化作业,目前秋粮丰产丰收,绩效显著:**人工成本降低** 55%,**燃油成本降低** 15%,**亩均效益提升** 5%,项目建设已全面通过了专家验收。据了解,除嘉定区外,包括松江区、上实公司在内,今年全市将建成 1 万亩无人农场,不日将全面完成验收,为全国农业现代化发展起到了示范引领作用。

嘉定区建设无人农场的主要特点:

**一是标准农田全改造。** 2020 年,嘉定区在全市率先启动数字化无人农场产业片区建设,规划至 2025 年建成 1 万亩无人农场。其中,外冈镇已通过市级土地整治项目和高标准农田建设项目,形成了涉及11个村分布为6大板块的1.7万亩高标准农田,由7家合作社、58户家庭农场和6户种植大户集中经营,为无人农场的推广提供了先决条件。

**二是作业过程全智能。**通过利用北斗定位和导航系统,对现有的拖拉机、插秧机、穴播机、自走式喷杆喷雾机、联合收割机进行无人化改造,实现全自动的无人化作业功能。**耕地平整时,**无人拖拉机实现了自动规划路径、自动点火、自动出库、自动作业等功能。**播种插秧时,**无人插秧机实现了自动控制车速、自动调头、秧台自动升降、故障预警、自动停车等功能。**田间管理时,**无人植保机实现了平台云端遥控,一键多机控制,机群协同作业,可自动控制农药喷洒变量施药,喷洒量随车速变化自动调节。**成熟收割时,**无人收割机根据规划路径,实现了自动转弯、自动割台升降、粮满自动停车、点对点自动卸粮。

**三是平台管理全流程。**嘉定区搭建了包括农业大数据平台、无人农场、智能物联、遥感监测、养分分布、生产管理、自动灌溉等多个模块的数字化综合平台,可根据需求调整功能模块,也可接入其他现有平台数据,整合形成集展示、控制、服务等功能于一体的综合性数据平台。

嘉定区建设无人农场的主要做法:

**一是建立健全协同机制。**在机制组织保障方面,嘉定区以"区负总责、部门主抓、镇级实施"为原则,建立区领导牵头,区农业农村委主抓,外冈镇具体落实的工作机制。围绕片区建设目标和工作重点,明确工作职责,统筹行政和技术力量,实现了农业技术、农业管理、生产运用、信息公司和科研单位协同推进的工作格局。日常工作中，区、镇两级均将片区建设纳入重点推进业务范畴，落实专人负责跟踪进度。

**二是制订奖励补贴政策。** 市、区两级在前期探索的基础上，调研制订了粮食生产无人农场建设奖励补贴实施办法，明确了奖补对象、资金来源、奖补内容、奖补标准和工作流程等，为加快推进粮食生产无人农场建设，促进粮食生产数字化、智能化、无人化发展提供了政策保障。据测算，嘉定区4 086亩无人农场的建设与生产成本为708.6万元，预计产值820万元，可获得净收益111.4万元，收益率为15.7%，比常规生产方式高出5%。

**三是推动技术迭代升级。** 嘉定区制定了全国首个"无人农场"区级标准化指导性技术文件，规定了水稻生产无人农场建设的总体要求、场地建设、农机配置、水稻生产、智慧管理平台和工作人员等技术规范。同时，应用北斗精准农业装备及信息化技术，对现有农业机械在换向换挡控制、避障功能、遥控功能、电控功能等方面进行改造升级，实现无人化作业"闭环"。

接下来，嘉定区将重点突破智能农机关键技术，加快推进无人农场建设，切实提高农业生产率、资源利用率、土地产出率，实现"耕牛退休、铁牛下田、农民进城、专家种地"的现代农业新图景。2024年开始，本市将大力推广嘉定区的做法，再建3万亩数字化无人农场，力争到2025年建成10万亩数字化无人农场，解决大都市农业生产力短缺桎梏，吸引更多有志青年从事粮食生产，实现"坐在办公室就能种田"的目标，为全国农业现代化提供"上海样板"。

# 松江区十五年持续发展家庭农场情况的调研报告

从2007年起,松江区在全国率先创办粮食生产家庭农场,为破解"谁来种田、怎样种田"的难题进行了有益探索。十五年来,松江区家庭农场日臻完善。目前,全区发展家庭农场819户,经营总面积13.4万亩(户均163亩),占粮食生产面积的89%,户均年收入达到17.02万元。十五年来,松江区坚持"家庭经营、规模适度、一业为主、集约生产"的取向,实现了产品绿色、产出高效、产业融合、资源节约、环境友好的目标要求,稳定了种粮队伍,"三率一力"(土地产出率、劳动生产率、资源利用率和品牌影响力)连续多年稳居上海第一,乡村振兴考核连续三年获得全市第一,成功探索了超大城市既稳定粮食生产又促进农民增收的有效路径,走出了国际大都市城乡融合发展背景下的农业现代化发展之路。

## 一、基本情况

调研显示,松江区819名家庭农场主中,平均年龄为48.9岁,较全市面上务农劳动力平均年龄年轻10岁。从文化程度看,约25%的家庭农场主具有中专及以上学历,其中不乏本科生和研究生(见表1),**务农劳动力素质高**,名列全市前茅。从事家庭农场经营种地已成为"体面的职业"。调研显示,家庭农场主未来继续种粮的意愿高达88.9%,高出全国17个百分点。

表1　　　　　　　　松江区家庭农场主学历结构表

| 学历 | 小学 | 初中 | 中专 | 高中 | 职高 | 大专 | 本科 | 硕士 |
|---|---|---|---|---|---|---|---|---|
| 占比 | 5.98% | 69.23% | 7.45% | 9.52% | 0.73% | 6.35% | 0.61% | 0.12% |

调研显示,松江区现有耕地23.25万亩,其中粮田面积15.17万亩,是上海粮食的主产区,2021年被农业农村部授予"全国粮食生产先进集体"称号,2022年粮食产量8.68万吨,亩均产量达572.2公斤(见表2),**土地产出率高**,连续四年位居全市第一。

表2　　　　　2022年各涉农区粮食单产情况表　　　　　(公斤/亩)

| 松江 | 嘉定 | 奉贤 | 宝山 | 闵行 | 金山 | 崇明 | 青浦 | 浦东 |
|---|---|---|---|---|---|---|---|---|
| 572.2 | 561.4 | 556.4 | 550.5 | 541.7 | 534.6 | 530.7 | 529.6 | 489.6 |

调研显示,通过发展家庭农场,松江区实现了农业适度规模经营,第一产业从业人员从2018年的1.21万人减少到2022年的0.45万人,**劳动生产率高**,达11.96万元/人,第一产业劳均产值达40.71万元,均位居全市第一,分别提高了2.15倍和2.91倍。受益于生产

效率的提高,家庭农场从单一的粮食生产型逐步拓展出种养结合型、机农结合型、三位一体型等多种类型,**务农收入也水涨船高**(见表3)。

表3　　　　　2022年松江区各家庭农场户均收入情况表　　　　(万元)

| 粮食生产型 | 种养结合型 | 机农结合型 | 三位一体型 |
| --- | --- | --- | --- |
| 17.02 | 29.42 | 46.24 | 59.37 |

调研显示,通过发展家庭农场,松江区实现了农业的绿色生态循环可持续发展,化肥施用量(折纯)逐年减少,从2018年的5 840吨下降到2022年的4 771吨(见图1)。2022年,全区秸秆综合利用率达99.7%(全市平均98%),畜禽粪污资源化利用率达99.2%(全市平均98.5%),土壤有机质平均含量44.9克/千克(全市平均29.6克/千克),**资源利用率高**,地产农产品绿色食品认证率达49.08%,连续三年位居全市第一,在国家农业绿色发展先行区创建中,获"农业绿色发展指数"全国第一。

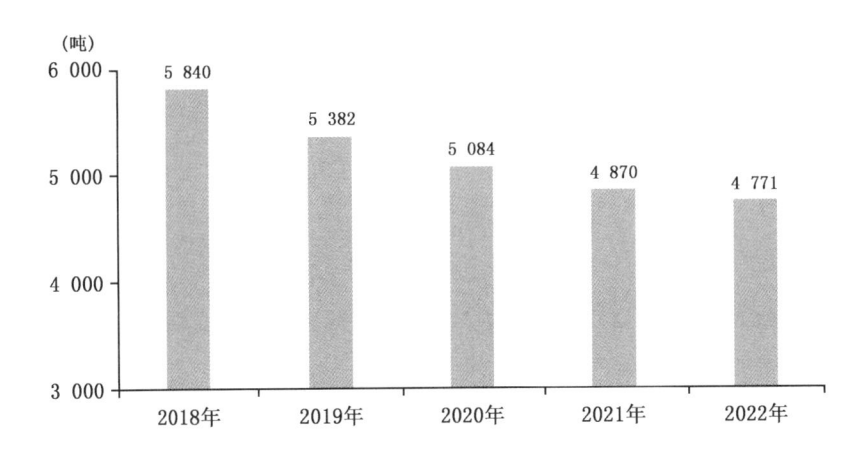

图1　2018—2022松江区化肥施用量(折纯)情况

调研显示,通过发展家庭农场,松江区构建了水稻"产加销"全产业链体系,实现了由"卖稻谷"向"卖大米"转变,水稻良种覆盖率达100%,"松江大米"获得国家地理标志产品认证,自主选育的"松早香1号"和"松香粳1018"水稻新品种获得多项国家级和市级金奖,**品牌影响力高**,地产农产品品牌发展指数连续两年位居全市第一。同时,松江区也涌现了一批以李春风、沈万英等为代表的优秀家庭农场主(李春风作为全国农民代表在新中国成立70周年参加天安门国庆彩车游行),成为全国农业先进典型。

## 二、主要做法

松江区坚持十五年如一日发展粮食生产家庭农场,土地产出率、劳动生产率、资源利用率和品牌影响力始终名列前茅,有其成功的奥秘。调研认为,原因在于"四个注重四个实现":

### (一)注重加强制度建设,实现机制运行高效率

一是建立农地流转制度。坚持鼓励和规范土地流转,重点平衡好土地承包农户与家庭农场经营者之间的利益关系。以"依法、自愿、有偿"为原则,推行农民承包土地委托村委会统一流转的方式,集中农民土地,实行适度规模经营,将土地交给真正有志于从事农业生产的农民经营。同时,发挥政策杠杆调节作用,将土地流转费由原本固定的600元/亩调整为以500斤稻谷实物折价,使土地流转费随粮食收购价变动,让流出土地农民和家庭农场之间的利益由市场调节。

二是建立土地适度规模经营制度。根据当地农村劳动力转移就业、土地流转水平状况来确定家庭农村土地经营规模,兼顾公平与效率,确保家庭劳动力承担的生产规模与现有生产力水平相适应。以

粮食生产家庭农场为例,将其经营规模一般控制在120~200亩,种养结合与机农结合家庭农场根据其经营能力规模可以适当扩大。

三是建立经营者准入和退出制度。准入机制是由集体经济组织内部的农民,在自愿申请的基础上实行民主选拔、择优选择,由本村村民代表大会进行民主评定;**退出机制**是设定经营者的年龄限制,年满60岁自动退休,将土地交给年轻农户经营。同时建立**考核制度**,将家庭农场农业生产茬口安排、适时收种、安全用种用药、场容场貌等纳入考核范围,实行考核不合格"一票否决"淘汰机制。

**(二)注重加强耕地保护,实现粮食面积高保障**

一是压实党政同责。严格落实粮食安全党政同责,将生产目标分解下达各镇,明确种植面积和品种,建立粮食生产安全台账。将稳定粮食生产纳入乡村振兴考核指标,以考核"指挥棒"压实领导责任,确保粮食播种面积目标任务责任到位、措施到位、保障到位。

二是抓牢耕地保护。坚持耕地保护数量、质量两手抓。"十三五"以来,耕地面积稳定在21.5万亩以上,连续多年保持耕地面积小幅增长。截至2022年底,耕地面积达到23.25万亩。耕地地力定点监测结果显示,耕地质量等级从2016年的2.17等提高至2022年的1.72等。

三是明确政策导向。2019年以来,相继出台农业保险财政补贴、家庭农场考核奖励、优质稻米产业化发展专项奖补、老年农民退地养老保障、家庭农场主社保参保补贴操作办法等近20项政策,有力提升了粮食生产能力。2018年至2022年,平均每年补贴总额达到1.2亿元,亩均约800元。统筹整合各类粮食生产补贴,将绿肥深翻种植补贴、绿肥深翻考核奖补、水稻机直播补贴、农药补贴、农资综合补贴等5项补贴整合为"粮食生产环境保护补贴",补贴标准由每亩518元提高至550元,并通过二次考核的形式发放,推动粮食生产补贴由"补过程"向"补结果"转变。此外,2011年起开展家庭农场考核奖励,通过考核可获得每亩200元奖励,从而调动了种粮积极性。

**(三)注重提高粮食生产质量,实现保护建设高标准**

一是加大投入力度。围绕现代农业经营主体培育、绿色农业发展、产业融合发展等持续加大资金扶持力度,从2018年起,每年投入分别由0.98亿元、1.39亿元、1.42亿元、1.45亿元提高到2022年的1.51亿元。

二是强化基础设施。从2008年以来累计建成高标准粮田13.8万亩,涉及水利灌溉设施、机耕道、土地平整等投资达5.1亿元。建成日烘干能力2 800吨粮食烘干设施、稻米加工厂4家和5 000吨低温储存仓库,粮食储存加工能力得到进一步提升。盘活存量建设用地资源,根据生产需要改建为供农机设备停放、安置使用的设施用地。2016年以来共建设项目32个,总投资3.8亿元。

三是提升耕地质量。积极探索发展种养结合(水稻+生猪)家庭农场模式,畜禽粪污发酵还田等资源化利用,做到用地与养地相结合。目前,共有种养结合家庭农场91户,占总数的10.8%。率先推出全国首个耕地质量保险,以耕作层厚度、土壤有机质含量两项"地力水平"核心指标进行客观监管和评价,并将保险的"逆向赔付"转变为"正向激励"。目前,全区已有577户家庭农场投保,覆盖面积9.3万亩。

**四是推广绿色生产。** 推行"一茬一养"耕地轮作休耕制度，推广测土配方、增施有机肥，加强耕地质量保护和提升。据测算，2018年至2022年，耕地亩均化肥使用纯量减少12.4%，水稻每亩减少施药10.4%。2022年化肥农药均比上年减少2%。整建制推进水稻绿色认证，成功创建国家农业绿色发展先行区、全国水稻病虫害绿色防范示范县。

### (四)注重提升提质增效能力，实现生产经营高水平

**一是加强培训指导。** 每年组织经营者开展职业技能培训，并派出技术人员到家庭农场现场指导，进行全程跟踪服务。

**二是发展稻米产业化联合体。** 积极培育"松江大米"品牌和地理标志，采取统一供种、统一服务、统一加工的方式实行标准化生产。2022年，"松江大米"优质水稻品种种植面积达7万亩。着力打造"优质稻米产业化联合体"，通过销售能力强的龙头企业、合作社带动普通家庭农场抱团闯市场。至2022年底，共组建了14家稻米产业化联合体，签约家庭农场320户，营销带动面积3.9万亩，联合体内家庭农场每亩增收约360元。

**三是健全社会化服务体系。** 完善农资服务。建立14家农资超市门店，统一配送种子、农药、化肥等生产资料。开展信息服务。建立农业大数据信息平台，为所有家庭农场主配送手机，及时提供气象、植保、市场、价格等各类信息。加强农机服务。完善农机4S店综合服务管理系统建设，提升农机专业保养、维修、评估、处置等服务能力。

## 三、实践体会

松江区十五年发展家庭农场的探索与实践,是稳定粮食生产、增加农民收入、提高农业竞争力的有效途径,也是沿海经济发达地区建设现代农业的前进方向和必由之路。调研后认为,发展家庭农场具有十分重要的现实意义:

### (一)发展家庭农场是巩固党的执政基础的现实需要

小农户是党的重要依靠力量和群众基础。以家庭承包经营为基础、统分结合的双层经营体制,是我国农村基本经营制度,需要长期坚持并不断完善。实行农地所有权、承包权、经营权"三权分置",有利于在坚持家庭经营基础性地位的同时,进一步激发农村基本经营制度的内在活力。落实土地集体所有权,村集体经济组织根据本村实际确定土地流转和规模经营者条件,有利于实现守土有责、保护耕田、优化土地资源配置。稳定农户土地承包权属,农户通过土地流转获得稳定的流转费收益,有利于实现离土离乡,同时也能保障收益权。放活土地经营权,农场主按照合同期限经营土地,安心从事农业生产,有利于经营者稳定队伍、提高务农者素质,有效破解了"谁来种地"的难题。

### (二)发展家庭农场是促进小农户和现代农业发展有机衔接的必然选择

小农户是我国农业生产的基本组织形式,家庭农场是小农户的升级版。通过发展家庭农场,松江区改变了土地一家一户分散经营方式,引入现代生产要素扶持改造小农户,将土地、劳动力、农机等生产要素适当集中,实现适度规模经营,提升了农业经营集约化、标准化、绿色化水平,实现了小农户和现代农业发展的有机衔接。家庭农场的发展,使松江区农户数量从 2007 年的 4 900 户减少到目前的 819 户,规模经营面积与当地生产力相适应,兼顾公平与效率,提高了"三率一力",从而进一步加快了农业现代化进程。

**(三)发展家庭农场是实施乡村振兴战略的客观要求**

发展家庭农场破解了"谁来种地""如何种地"难题,通过依靠机械化、规模化和社会化服务,大幅度提高了农业劳动生产率,有力助推了稳定粮食生产、促进农民增收和推进产业振兴。组建家庭农场后,松江区粮田由本地农民规范种植,改变了过去三分之一粮田由外来户低水平经营的情况,通过实施绿肥、发展种养结合家庭农场等措施,对增加土壤肥力、养护农田作用明显,有效促进了农业生态环境改善。

松江家庭农场发展十五年来,家庭农场经营收入从刚开始户均 4.6 万元提高到目前的 17.02 万元,其中机农结合和三位一体家庭农场户均收入普遍超过 40 万元。发展家庭农场,取得了粮食稳产、农民增收、生态改善、耕地保护的良好成效。

# 关于对本市三个特色典型示范村建设运营情况的调研报告

自2018年上海实施乡村振兴战略以来,全市已建成了五批共112个乡村振兴示范村,第六批28个示范村正在建设中,今年底将全部建成。在这一具有上海特色的乡村建设工作中,对已建成的示范村,如何增强其可持续发展的内生动力;对正在建设的示范村,如何做到与农民增收、集体经济发展、民生兜底保障相结合,已成为各级政府、社会各界共同关心的话题。

为更好地破解这些问题,近期会同上海社科院、上海财经大学、上海交通大学等单位的专家学者,共赴郊区开展专题调研,选取青浦区岑卜村、金山区待泾村、宝山区月狮村三个示范村进行"解剖麻雀"。通过调研,有三方面深切体会。

一是农民群众的满意度逐年提升。经过六年的建设,示范村的覆盖面不断扩大,从第一批每区各建 1 个,到后来各批次大家踊跃申报,目前已建在建的 140 个示范村,**占全市规划保留保护村总数(800 个)的 17.5%**。通过示范村建设,乡村的面貌焕然一新,环境舒适、宜居宜业,农民群众也从一开始的懵懂观望,转变为如今的热情高涨,创建参与度达 92.4%,较 2019 年提高了近六成。9 个涉农区都涌现了一批示范村的典型,特别是在调研的三个示范村,**村干部和村民对示范村建设交口称赞**。从整体看,2023 年第五批示范村建成后村民的满意度达 98%,比前几批都有了明显提升。

二是建设资金投入呈现多元化态势。随着示范村创建的不断推进,社会各界的参与积极性也愈发高涨,建设资金投入也从最初以各级财政资金为主,转变为如今社会资本与财政资金"平分秋色"甚至更胜一筹的态势。据统计,**第五批示范村建设过程中,首次出现社会资本(12.2 亿元)超过财政资金(11.1 亿元)的局面**。特别是调研的三个示范村,待泾村社会资本投入达 16 479 万元,是财政资金投入的 2.26 倍;月狮村聚焦农文旅体融合,社会资本投入达 7 000 万元,高于财政投入;岑卜村携手微笑草帽乡村发展集团,以社会资本撬动发展国潮文化产业。

三是涌现了诸多乡村建设新理念。示范村创建过程中,各涉农区因地制宜,探索形成了各具特色的上海乡村建设新理念。例如,岑卜村引入社会第三方经营主体,探索创新了"**整村运营**"的发展模式;**待泾村**在全市首推农村集体经营性建设用地使用权作价入股,触发资源变资产、资产变股权、村民变股东的"三变"活力;月狮村结合毗邻城区的地理优势推动农文旅体融合发展,打造了**都市里的村庄、村**

庄里的都市。

通过对三个村的实地调研,大家一致认为,**示范村建与不建大不一样,建成后能否做到科学运营也大不一样。特别是对建设示范村旨在增加农民收入这一核心问题上**,据典型调查,全市已建成的112个示范村农民人均可支配收入增幅较非示范村高出9.6个百分点。总结成效亮点的同时,调研也发现了示范村建设过程中存在的不足,需要在今后的工作中扬长补短,尤其在资金投入方面,要建立健全多元化投入的体制机制,使示范村从着重建设更新的1.0版本,迈入激活造血功能的2.0版本。下阶段,要推动示范村向"五好两宜"和美乡村转变,从"盆景"向"风景"转变。**对正在建设的示范村**,要着力推动片区化发展,更加关注产业导入、风貌提升、集体经济壮大、农民增收、民生兜底保障等重点工作;**对已经建成的示范村**,要着力从乡村建设向乡村经营转变,更加注重科学运营,提升自我发展的内生动力,实现示范村健康可持续发展。

附件:1.青浦区岑卜村创新"整村运营"激发乡村可持续发展活力
　　　2.金山区待泾村以花为媒引领"花海待泾"振兴之路
　　　3.宝山区月狮村农文旅体巧融合打造"沪北乡村运动乐园"

附件1

# 青浦区岑卜村创新"整村运营"
# 激发乡村可持续发展活力

青浦区金泽镇的岑卜村是上海市第四批乡村振兴示范村,在建设过程中引入社会第三方经营主体,探索创新了"整村运营"的发展模式,**使示范村从着重建设更新的1.0版本**,迈入了**激活造血功能的2.0版本**,成了远近闻名的"网红村"。

一、基本情况

岑卜村位于金泽镇西岑社区,地理位置优越,东邻华为研发中心,南连"蓝色珠链"水环境休闲景观带,西接长三角绿色生态一体化示范区水乡客厅,北靠环淀山湖创新绿核。村域面积2.3平方公里,有5个村民小组共241户645人。岑卜村生态底板厚实,村内河道纵横、候鸟栖息,是上海发现两种萤火虫品种的唯一区域。通过多年持续实施河道整治、农田水利、农村生活污水处理等项目建设,岑卜村先后获得新农村示范村、市级美丽乡村示范村、全国生态文明村等荣誉称号。

二、创建成效

入选乡村振兴示范村创建以来,岑卜村携手微笑草帽乡村发展集团(以下简称"微笑草帽"),共同探索创新整村建设和运营模式,锚定生态立村、文化兴村、产业富村、旅游强村的"四村同创"发展思路,以国潮文化为**立足点**,以壮大集体经济和促进农民增收为**落脚点**,通过政府资金投入和社会资本引入**双轮驱动**,提升完善公共配套设施,发展构建产业集群和新业态,村庄发展呈现出三大新变化。

**绘就了乡村共富的新图景**。示范村建成后,新增就业岗位60个,村民实现家门口就业,农房租金也从原先的每年2万~3万元/幢上涨到9万元/幢,村民人均收入达4万元,"钱袋子"越来越鼓,幸福感显著提升。村集体将8亩闲置建设用地租赁给"微笑草帽"用于产业开发,采取"保底＋分红"的方式,在保障租金收入的基础上,产业经营收入的2%归村集体所有,实现了**盘活存量、拓展增量**,2023年新增集体经营性收入达80万元,分配额约50万元。同时,岑卜村正在开发村内停车管理系统,游客的"流量"也将成为村集体的收入来源。

**迎来了生态宜居的新生活**。为守护宝贵的自然肌理,岑卜村提升和新建了路桥、码头、公厕等便民设施,创设了绿色生态积分制管理模式,实现人居环境治理常态化、长效化,增强了村庄的视觉魅力。在美好田园风光的吸引下,近年来陆续有99户"**新村民**"移居岑卜村,为日渐老龄化的乡村带来了新生血液与发展活力,获得了原住民的认可接纳。针对"网红"标签带来的客流,岑卜村还开发了"岑卜游"小程序,创建专属岑卜码,对游玩项目进行数字化管理,变无序为有序,既提升了游客的体验效果,也守护了村民的安宁生活。

**孕育了联动发展的新商机**。岑卜村充分利用村内的生态环境、水系资源与非遗民俗,在整村运营模式下联动发展农文旅特色产业。一方面,精选3家水上运动俱乐部,依托皮划艇项目带动村内小餐饮、民宿等产业蓬勃发展,巧妙地将自然资源转化为可持续的经济收益;另一方面,开辟乡村集市区域,设置23个零售小木屋,规范布点农特产、文创、宠物馆等经营摊位,打造"传统文化＋集市"相融合的商业格局,实现了乡村产业的多元化发展。目前,岑卜村日均接待游客约500人,高峰时一天可达近2 000人,2023年农文旅产业规模同比增长了约30%。

### 三、主要做法

在做好乡村振兴示范村创建"规定动作"的基础上,岑卜村结合实际谋划"自选动作",探索创新了"整村运营"的发展模式。**整村运营**,是指在金泽镇政府的指导下,由岑卜村、"微笑草帽"共同成立整村运营管理委员会,制定《岑卜村整村运营管理办法》,采用"运营+管理"的方式,由"微笑草帽"负责规划岑卜村的整体定位、业态布局、招商运营和配套服务,村委会和村集体负责保安保洁、河道管理等社会公共事业,由双方代表组成的管委会制定项目准入机制、审核流程,并实行监督管理。岑卜村整村运营着力突出"三个化":

**发展定位个性化**。岑卜村按照"做减法"的思路,结合当下城市青年群体喜爱中华传统文化这一具体的消费点,聚焦"国潮文化村"的主题,集中精力打造核心产品,避免眉毛胡子一把抓,也有利于提升村庄传播力。实践中,"微笑草帽"打造非遗文化展厅、乡村大讲堂等文创区,利用闲置的村集体仓库导入汉服产业,通过举办"花朝汉服节""一日小掌柜"等国潮文化活动吸引市民到乡村体验微度假,并充分对接麦秸画、阿婆茶、鱼拓等本土非遗项目,将岑卜村特有的"百姓庙会赶集日""中秋拜月"等民俗活动融入旅游体验,激发传统文化与流行元素碰撞,在文化传承中推动产业发展。

**村庄管理融合化**。为保障原住村民、新村民、入驻企业等不同群体的利益,岑卜村采取融合化管理的理念,由村委会承担沟通协调职责,将所有人组建成一个"大家庭"。岑卜村按月策划主题,举办"最美岑卜人评选""天下手工匠人村民培训"等活动,提升了各方的参与性与感受度。同时,充分利用新村民们的专长才智和社会资源,支持他们将租赁的农房修葺成现代风、古典风、书香风等别具特色但又和谐统一的屋宅,通过举办稻田丰收节、音乐节等休闲活动,既提高了原住村民的文化涵养,又为入驻企业引来了客流和商机,形成了多赢的良好局面。

**运营招商一体化。**"微笑草帽"按照城市商业综合体的经营逻辑,率先引进"一尺咖啡",发挥头部品牌的带动作用,进而边运行、边研究、边总结,不断完善试运行机制,对各类业态制定准入标准和收费标准,从源头上控制提高业态品质,在招商中实现产业优化迭代。例如,将民宿分为高、中、低3种档次,合理规划开办区域和数量占比;餐饮经营涵盖不同菜系,杜绝无序发展和恶性竞争。同时,由整村运营管委会制定《商户准入管理办法》,对租房、定位、装修、开业四个关键环节加以规范,例如,统一办理执照,联合指导生产,排查各类安全隐患;控制夏季光源,保护萤火虫栖息地等。

**四、实践启示**

岑卜村"整村运营"的典型做法,立足上海乡村禀赋条件与市场优势,是发挥"政府+村集体经济组织+市场"各方力量推进乡村振兴的有益探索,是"绿水青山就是金山银山"的有益实践,走出了一条国际化大都市的乡村将生态优势转化为产业优势和发展优势的新路径,对已建成的示范村如何增强内生动力,实现可持续发展具有**四方面的实践启示**:

**要更加注重经营乡村的理念。**乡村是超大城市重要的稀缺资源,激活乡村的经济价值、生态价值、社会价值、文化价值,不仅要加强基础设施和公共服务建设,还要树立经营的理念,利用乡村的资源禀赋,通过价值提升实现自我造血能力的提高。乡村振兴示范村建成后的**着力点需要由乡村建设向乡村经营转变**,使示范村的示范不仅体现在"外貌"上,更要体现在"发展"上。

**要更加注重城乡融合的需求。**上海的乡村不仅是农民的乡村,也是全体市民的乡村,保障农民安居乐业的同时,也要呼应市民对美好生活的向往。因此,示范村建设要以"**带动村民、服务市民**"为目标,畅通交流交往,在城乡融合发展中实现自我提升。要更好发挥大都市周边乡村地域的整体区位优势,挖掘塑造各村自身特色资源,精准承接城市居民多种多样的生产生活需求,如银发游、亲子游、体育游、文化游、康养游、宠物游、小型研发等。要拓展匹配需求市场,在致富农民的同时服务市民,让乡村和城市、村民和市民真正做到"双向奔赴"。

**要更加注重协同发展的机制。**整村运营的本质是协同发展,发挥**整体效应**,这离不开政府、村集体、运营企业、村民、商户等方方面面的支持,必须建立完善的权责机制、运营机制和权益保障机制。鉴于此,示范村建设也应从"盆景"向"风景"转变,从"单打独斗"向"集团作战"转变。通过全域土地综合整治、"五好两宜"和美乡村建设等方式,将碎片化的土地归并集中,用共享的理念布局公共服务设施,避免各种经营性项目、公益性项目出现小而散、小而全的情况,为乡村运营提供更充足的资源与空间。

**要更加注重彰显特色的路径。**示范村建设要有市场观念,走差异化、特色化道路,结合乡村经营理念,按照"一村一品"的思路做好前期策划和整体规划。**尤其是产业发展定位为先**,必须结合特定市场需求和村庄条件,立足当下、谋划长远,聚焦主导特色产业打造村民参与度高、市民美誉度高的拳头产品,提高配套服务,做到"人无我有、人有我优",发挥互补优势,实现错位发展。今后乡村建设还应充分利用上海卓越全球城市的现代服务业发展优势,系统谋划打造"整村运营"的上海乡村特色发展模式。在乡村运营人才培养、配套政策措施等方面进行整体谋划,将先进的生产性服务业和城市综合体管理经验审慎迁移,做好乡村化转型落地。以高水平的管理服务为已建乡村设施进行二次赋能,激活乡村造血系统。

附件 2

# 金山区待泾村以花为媒
# 引领"花海待泾"振兴之路

金山区朱泾镇待泾村是本市第二批乡村振兴示范村,创建过程中,待泾村以产业振兴为出发点,以花为媒发展"芳香经济",打造复合型农文旅产业,**在全市首推农村集体经营性建设用地使用权作价入股**,吸引社会资本激活"一亩三分地",触发资源变资产、资产变股权、村民变股东的"三变"活力,为村集体经济带来持续赋能,**带领村民走上"租金＋股金＋薪金＋现金＋保障金"的"五金"增收之路**。

## 一、基本情况

待泾村位于朱泾镇区以西,南依大茫塘河,北临秀州塘,东起待步泾桥,西至斜塘港。村域面积 6.25 平方公里,有 35 个村民小组共 1 481 户 4 621 人,区域内河道纵横,水网密布,居民住房多依河而建,具有典型的"鱼米之乡"风貌特征。近年来,待泾村全力打造生态廊道、生态清洁小流域等林业水利项目,开展"洁美乡村""美丽庭院"等人居环境建设,全方位提升生态环境与村容村貌;依托"上海南郊花海·芳香小镇"建设,打造复合型农文旅产业,盘活农村集体经济,拓宽村民增收渠道,带动乡村产业振兴,先后荣获全国文明村、全国乡村治理示范村、全国乡村旅游重点村、全国民主法治示范村等荣誉称号。自 2019 年创建示范村以来,待泾村共投入财政资金 7 300 万元,主要用于村庄环境和基础设施建设;吸纳社会资本累计达 16 479 万元,主要用于"芳香小镇"项目建设。

**二、创建成效**

2015年,待泾村联合林木种植企业,利用600亩低洼地打造以赏花为特色的花开海上生态园;2017年,生态园正式营业并迅速成为游客竞相"打卡"的网红景点。2020年,待泾村以土地作价入股的方式与上海蓝城花开海上建设管理公司(以下简称"蓝城公司")合作开发"芳香小镇",通过不断挖掘"花"文化,延展"香"主题产业,持续赋能乡村振兴。

**实现了乡村产业规模化发展。**围绕"芳香"经济和芳香小镇园区建设,待泾村发挥"以商引商、以企引企"的蝴蝶效应,吸引一批企业机构入驻签约项目,农文旅产业不断壮大发展。例如,与上海交通大学芳香植物研究中心合作打造全市最大沉浸式疗愈花园;啟耕、衡山两家特色民宿获评上海市五星级乡村民宿,投资总额达8.41亿元的木守、明月两家精品酒店及多个民宿组团已施工建设;花开海上生态园获评4A级景区,2023年接待游客39.66万人次,营业收入1346.28万元。同时,待泾村利用农旅融合带的地缘优势,积极融入G320文旅连廊,主动接受周边旅游的资源辐射,实行横向拓展,不断丰富全年各时段的旅游产品,逐步形成了"景区+度假区"为核心的复合型度假产业。

**拓宽了农民增收致富的渠道。**待泾村构建了"股金+薪金+租金+现金+保障金"的"五金"模式,农民收入渠道持续拓宽。按照股权分配约定,村集体每年都会有近200万元的股权收益,土地流转费比同类土地高5%,生态园每年门票收入的10%作为分红收益返还给待泾村经济合作社(股金);生态园招工优先面向待泾村村民,主要从事绿化养护等工作,解决当地农民就业150人,在花季旺季还可以增加临时工80余人(薪金);如果房屋被租用作民宿,还会有一笔租金收入;在园内为村民农产品自产自销提供场地,带动开办农家乐,赚取现金;再加上养老保障金,"五金"齐全的农民人均收入从2019年的54777元提高到2022年的76665元。

**构建了村企共赢合作模式**。通过有效盘活整合农户闲置土地资源、沉睡集体资产、产业发展资金等农村"三资",待泾村积极发展乡村民宿、乡居康养等适合乡村的新产业新业态,搭建起了企业、农民、村集体、镇集体四方利益联结机制,成为待泾村实施乡村振兴战略中最突出的亮色。2023年,待泾村集体总收入达251.73万元,较2019年提高了约2.6倍。同时,农村集体经营性建设用地使用权作价入股,村集体能够得到长期收益,土地权益得到充分保障;企业也从一次性缴纳土地款,变为每年支付,缓解了资金压力,双方实现了利益的联结与发展的共赢。

### 三、主要做法

**促进农文旅融合发展,增强乡村产业聚合力**。待泾村通过市场化运作,打造赏花主题公园——花开海上生态园,由此吸引资本、技术、人才、游客向农村流动。再以花开海上生态园为核心,植入新产业新业态,以"三产"促"三生",**实现产业兴旺三级跳:第一级**是苗圃花卉种植的农业第一产业,突出生产功能;**第二级**是生态园对外开放后形成文旅融合的旅游第三产业,突出生态功能;**第三级**是以花卉加工为主打造"芳香小镇"的第二产业,突出生活功能。2020年,在花开海上生态园的基础之上,朱泾镇在待泾村启动了"上海南郊花海·芳香小镇"项目,规划5年建设周期,布局面积3 800亩,形成以田园观赏和生态旅游为主的产业结构,配备品牌餐饮、精品酒店、度假民宿、文旅零售、文创市集等业态,打造具有特色功能的花海度假产业复合园。借助"芳香小镇"项目品牌优势,待泾村通过提升土地利用效能、做优花海产业经济、延伸"芳香"产业链条、打造特色民宿集群,产业兴旺进入了"快车道"。

**推进农村产权改革,盘活农村闲置资源**。待泾村以示范村建设为契机,探索农村产权制度改革新做法,规范农村土地流转管理,将土地使用权直接作价入股,盘活闲置房屋和宅基地,增加村民财产性收入、经营性收入。有别于常规"农地入股"的转包、出租、互换、转让等模式,待泾村采取"三步走"的方式破解了地从哪来的问题:**第一步**,根据区位、规划等因素,选定村内99宗113亩土地作为储备用地,并以新修订的《中华人民共和国土地管理法》颁布实施为契机,村经济合作社召开成员代表大会表决形成土地承包经营权补偿决议,收回农户的承包经营权。**第二步**,朱泾镇在符合土地利用总体规划的前提下,编制农用地转用方案和补充耕地方案,经市规划资源局审定,将113亩土地性质调整为集体经营性建设用地并保证耕地不减少。**第三步**,对散落分布的99宗土地,以散点测绘为切入口,用时半年多办理出99本《不动产权证书》,不仅开启了上海农村集体经营性建设用地权证办理的先河,也在法理上保障了农村集体土地用于商业化开发的物权权益。

**建立利益联结机制,壮大农村集体经济。**待泾村、朱泾镇与蓝城公司签订《股权合作协议》,确定由镇、村两家集体经济组织将113亩集体经营性建设用地的40年使用权作价入股"芳香小镇"项目,由蓝城公司按照约定的股权份额以增资扩股方式追加出资额。目前,待泾村集体持股36.75%,朱泾镇集体持股12.25%,蓝城公司持股51%。为保障村民利益,三方的股权分配及未来的收益分配方案均由待泾村社员代表大会表决通过,并约定在项目建设期按央行同期发布的整存整取一年期存款利率进行保底分红;建设期满后按央行同期发布的整存整取三年期存款利率进行保底分红;若实际分红率超过保底分红率时,即按实际分红率执行,确保了农民既得收益不因初次试点而减少。在"保底+分红"模式的驱动下,充分激发了农村"三块地"的活力、三产融合的动力、社会资本的引力,形成了乡村产业迭代升级和村民收入可持续增长的机制。

**四、实践启示**

待泾村集体土地作价入股"花海小镇"项目的实践,是其建设乡村振兴示范村的"关键一招"，在战略策划和战术设计的层面给予了有益的启示：

**一是破解了集体土地参与商业开发的瓶颈。**集体土地以"点状供地"为起点，以产权办理为支点、以作价入股为终点，打破了农业产业发展过程中形成的"户自为界"的传统，突破了制约一二三产业融合发展的瓶颈，探索出一条农村土地资源可持续利用的新路径。

**二是创新了农民收入水涨船高的机制。**待泾村在沿袭常规农村集体土地作价入股由项目合作方按固定比例返还集体经济组织红利做法的基础上，创新了对集体土地市场价值的评估，实现了精准作价入股，创新了集体经济发展壮大的方式，拓宽了农民可持续增收的"五金"渠道，构建了长效增收机制。

**附件3**

# 宝山区月狮村农文旅体巧融合
# 打造"沪北乡村运动乐园"

宝山区月浦镇月狮村是本市第三批乡村振兴示范村,创建过程中,月狮村立足毗邻城镇的区位优势和良好的生态底色,**以"农体文旅"融合为产业导向**,用完善的周边配套和优质的营商环境,发挥在地企业专业运营作用,积极打造"沪北乡村运动乐园",使之逐渐成为满足市民近郊休闲度假需求,集户外运动、度假、研学、团建等功能于一体的休闲度假体验地,**是沪上最受欢迎的亲子户外乐园之一**。

## 一、基本情况

宝山区月浦镇月狮村地处沪北西北部,临近上海郊环线,村境交通便捷,村域面积1.03平方公里,拥有耕地743.9亩、生态林287.6亩,常住人口3 400余人。近年来,月狮村坚定不移走农体文旅融合发展道路,筑巢引凤,广纳人才,围绕农旅转型、立足农商互促,持续优化村内产业,因地制宜挖掘本土特色,创造就业岗位,初步呈现生态宜居、文化深植、产业多元的活力图景,先后获评全国乡村旅游重点村、全国农民体育健身活动基地、全国示范性老年友好型社区,入选首批全国村级"乡风文明建设"典型案例。自2020年创建示范村以来,月狮村共投入财政资金6 300万元,吸纳社会资本累计达7 000万元,2023年村民人均收入超过5万元。

## 二、创建成效

月狮村聚焦农体文旅产业融合发展,开辟了近郊乡村新产业、新业态的成长路径,集体经济持续壮大,农民收入不断提高,乡村生活更加和谐,

**实现了"三个升级":**

**产业升级促增收。** 月狮村先后引进了月浦顽酷旅游文化有限公司、上海中创自然生态科技集团、徽沅餐饮管理有限公司等优质企业,通过土地合作开发、资产托管等方式,村集体经济持续壮大,集体收入由 2020 年的 950 万元提高到 2023 年的 1 135 万元,年均增幅在 8% 以上。同时,采取盘活村民闲置农房、开放公益性岗位、流转农房等途径,新增景区管理员、民宿服务员、运动培训师、园艺师等新岗位近百个,引导 30 位村民就近就业,年收入由 3.6 万元提升至 4.2 万元。

**治理升级促和谐。** 随着外来企业在乡村相继落地,月狮村依托党员联络户机制,切实提高新老村民在村务协商中的参与度,组织新村民参与停车管理制度修订等议事协商活动,定期与村级企业开展项目对接、交流座谈,突出企业资源优势,形成村企合作、村企共建、村企互助的良性循环。此外,月狮村还开发了"房屋租赁及网格化信息平台",通过数字赋能,民宅房租由 10 万元/年的无序出租状态更新为 15 万/年的整体租赁式企业公寓模式,减少租赁纠纷的同时为乡村管理带来便利。

**空间升级促融合。** 月狮村在壮大原有花卉产业基础上,积极对接优质企业,将村内整块商服用地化整为零,满足了林下运动乐园、四季花海、猫咖馆、乡村民宿、采摘乐园等各类经营项目的用地需求。同时,做好住宅更新与村貌更新联动,对闲置住宅微更新与乡村风貌基底联动,实现农宅与周边田、水、路、林、园风貌有机统一,村域空间的视觉效果豁然开朗,为农体文旅融合发展奠定基础。2023 年"五一"期间,月狮村接待游客超过 8 000 人次,总收入达 30 万元。

### 三、主要做法

**协同联动促进产业融合发展。** 月狮村引导不同类型的经营主体积极参与农村新业态发展。**一方面,做优农体融合。** 牵手缘界体育作为乡村资源大整合商,改造村域林下空间,植入亲子体育项目,嵌入丛林矩阵、丛林网兜、儿童越野车等运动项目,让生态林成为城乡市民回归自然、畅享运动乐趣的游玩目的地。**另一方面,做强花旅品牌**。发挥月浦本地优质种源企业专业优势,种植墨西哥羽毛草、紫叶千鸟花、松果菊等多年生乡土品种,以儿童小火车串联各种植区,打造"田园花海",并植入蕴含月狮文化元素的"葫芦迷宫""自行车泵道"等拓展项目,成为热门旅游打卡地。2023年,月狮村吸引游客12万余人次,营业额超220万元。

**筑巢引凤激活内生发展动力**。月狮村依托党建网格,联合村民组长、党员志愿者对闲置住宅进行全面排摸、统一登记、建立台账,并对有意将闲置农宅打造为企业办公点、经营场所的村民,采取**"先收储,再出租"**的房屋租赁模式,通过空租补贴帮助他们规避市场风险,提高了示范村建设的参与度。目前,全村共盘活农房158栋1386间。在此基础上,月狮村坚持硬件软件"两手抓",注重提升农村社区化管理水平,通过基础设施提质增能,实现了车辆识别系统、村民门禁系统、高清探头全覆盖,缩小城乡"数字鸿沟",用完善的周边配套和优质的营商环境吸引社会资本。

**贴心服务营造良好营商环境**。月狮村为返乡创业人员设立项目扶持期,扶持期内可以减免房屋租金,增强返乡创业青年资金风险抵御能力。对企业租赁的农房屋宅,根据它们个性化需求,对房屋进行内部改造,为企业快速入驻办公提供便利。成立专门的招商团队,通过镇村招商、"以商引商"的方式,不断扩大乡村发展"朋友圈",与优质运动企业、花卉企业、民宿餐饮、研学团队对接,增加农村多业态、多功能性的服务供给。在多年的努力下,观赏草花海、科普林带、餐饮民宿、文创市集、生态水族馆、猫咖、摩友俱乐部等多种新业态已在月狮村生根发芽。

**四、实践启示**

月狮村立足上海城郊乡村的区位优势和自身禀赋优势,探索了城乡空间融合、产展融合、民心交流融合的有益路径,给予了我们**两点实践启示**：

**要更深刻理解城乡融合的内涵。**城乡融合是流动中的融合,既要引导城市的人员、资金、制度流向乡村,也要激发乡村的产业、建设、治理契合城市需求。以乡村产业为纽带,带动农民服务市民,促进市民回归农民,才能让建成的乡村更有"乡土味"和"烟火气"。

**要更务实践行产业兴旺的路径。**乡村振兴的关键是产业兴旺,"引强引大""以商引商"是乡村产业兴旺的可行路径,政府或集体做好"惠民利民""筑巢引凤"的工作,就是要在乡村建设中打造良好的环境,在乡村治理中创造和谐的氛围。突出乡村地域特色和禀赋优势,才能更好推进乡村差异化发展,让示范村建设的效应由点及面。

# 从"卖稻谷"到"卖大米"向"卖品牌"转变

## ——上海探索拓展稻米全产业链发展初见成效

2017年以来,上海紧紧围绕农业提质增效的目标,推动稻米全产业链发展,逐步形成从"卖稻谷"到"卖大米"向"卖品牌"的转变,走出了超大城市发展粮食生产既满足市民需求又促进农民增收的有效路径。

### 一、背景情况

上海郊区农村素有"鱼米之乡"的美誉,水稻种植历史悠久。沪郊盛产的优质稻米,食味清香,口感软糯有弹性,特别适合上海市民的消费习惯。近年来,全市郊区水稻种植面积为140万亩,年产稻谷

82万吨,折合成大米50万吨左右。

长期以来,郊区农民生产的稻谷主要出售给国家粮库,从而造成了只追求数量不重视质量的现状,由此导致全市水稻品种集中度不高,种植品种约有80多种,品种多、散、杂,加工水平存在差异,市民对优质地产大米知晓度不高。同时,上海本地稻米产销分散,产业链不完整,一些企业没有营销大米的统一品牌,市场推广、质量监管、安全追溯等有待提升,上海人吃不到本地优质新大米的现象始终存在,属于典型的供给端与需求侧衔接不充分,亟须加快改革步伐。

为改变上述情况,2017年起,上海积极推进稻米全产业链发展,多措并举调优水稻生产结构,提升市场销售竞争力,推动"卖稻谷"向"卖大米""卖品牌"转变。目前,上海已自主育成适应市场需求的水稻主栽品种,直接上市销售的优质稻米从2017年的一成提高到四成,市场反响良好,稻米全产业链改革成效初显。

## 二、主要做法

### (一)培育扩种优质稻新品种

**培育优质品种**。结合市民饮食口味需求,加快培育具有自主知识产权的水稻新品种,如优质软米品种沪早香软1号、松早香1号、沪软1212、松香粳1018等,并迅速进行了产业化开发,成为上海及长三角地区优质食味米品种的典型。**调优种植结构**。在郊区扩大推广种植国庆稻,利用本地大米与市场上其他品种大米"错时上市"的契机,每年在9月下旬至10月中旬推出上海本地新大米,通过订单直销、网上直销、依托商超等多种渠道抢占市场份额,受到了广大市民的欢迎。**建立保险机制**。充分发挥农业保险在优质稻米生产风险保障、利益联结等方面作用,支持安信农保公司创新推出"穗优行动"商业性优质稻米收入保险项目,通过"保险＋订单＋品种＋品牌"的模式助推优质稻米产业化发展,2023年保险覆盖面积达33.35万亩。

## (二)实行生态循环种养结合

**开展关键技术研究应用**。以"优良食味、绿色生态种植、高效全程机械化生产"为核心目标,开展了杂交粳稻全程高效机械化制种、机械侧深施肥技术、无人机植保等9项系列配套关键技术的研究与集成示范。**推行绿色防控生态种养技术**。构建水稻绿色防控综合技术方案,推广非化学防控技术,开发"稻—鳝—鳅"和"稻—虾—鳝—鳖"种养结合模式,示范应用区化学农药用量比常规区可减少20%左右。**加强优质水稻示范创建**。2019年起全面开展粮食绿色高质高效创建活动,建立并推广休养轮作型、循环农业型、生态种植型等三种优质稻绿色栽培技术模式。2023年,全市粮食绿色高质高效创建面积达28.7万亩,绿色食品认证率达68%以上。

## (三)积极开展大米品鉴活动

**开展品鉴评优**。为集中展示"卖稻谷"向"卖大米"的转变成果,进一步引导经营主体打造品质、树立品牌意识,2017年以来,每年10月举办上海市新大米品鉴评优活动,促进稻米产业在供给体系、标准加工、品种品牌等领域全面提升。2017—2022年每次评选1项金奖大米,松江区、闵行区选送的大米多次获评金奖,市场知名度进一步扩大。**加强品牌建设**。全市建立了优质稻米产业化开发集成示范点

136 个,早熟品种和中晚熟品种分别占 40% 和 60%,形成了"松江大米""青浦薄稻米""鑫品美"等知名区域地产稻米品牌,销售形式除传统商超、门店外,"互联网+"的线上销售日益形成规模,品牌推介成效显著。

**(四)不断提升稻米加工能力**

利用上海市都市现代农业发展专项项目支持地产稻米加工,自 2018 年以来,立项项目 23 个,总投资 4.55 亿元,在 6 个涉农区内共支持 17 家企业、9 家农民合作社建设稻谷仓储、大米加工、分级、包装等设施设备。比如,松江区的 13 家优质稻米产业化联合体建立了 13 个粮食烘干基地、6 个大米加工基地和 5 000 吨低温存储仓库,具备 3 224 吨日烘干量、20 吨/时大米加工能力;金山区朱泾镇也通过创建稻米产业为主导的农业产业强镇,有效提升了本地稻米加工的基础设施水平和加工包装等处理能力。

## 三、初步成效

通过"卖稻谷"到"卖大米"向"卖品牌"的转变,上海拓展稻米全产业链取得了良好的成效。一是提高了种粮经济效益。卖大米产生的直接效益较稻谷收储(2.9—3 元/公斤)有大幅提高,国庆稻卖大米可达 12—16 元/公斤,中晚稻卖大米可达 8—10 元/公斤,有品牌的大米售价还更高些,种稻亩均收益也明显提高。二是提升了上海水稻种质资源。通过本地大米品鉴评优活动,加快培育和遴选了"松早香""沪早香软""松香粳"等一批市民喜爱的稻米新品种,实现了本地稻米供给侧和需求侧的双向对接。三是培育了沪产大米的优质品牌。通过多年的品鉴评优活动，涌现出了"松林""家绿""亭翔""良元""谷杰""米老板"等一批市场美誉度高的大米品牌，受到市民的欢迎，成为农业高质量发展的范例。

## 四、几点启示

**启示之一：发展现代农业应紧紧围绕市民需求，促进农业由生产型向生产经营型转变。**

上海是一个超大型城市，现代农业发展必须紧紧围绕市场和市民的需求。要以此为契机，"倒逼"行业主管部门、科研机构及种植企业，以市场与市民需求为导向，进一步调整农业种植结构，逐步淘汰不受市场欢迎的落后品种，培育更多的优质地产农产品。同时，结合"卖大米""卖品牌"活动的成功经验，通过"打擂台"的形式，对地产瓜果、蔬菜、畜禽、水产等优质农产品进行系列品鉴评优活动，进一步拓展全市农产品的产业链，实现了优质优价，做到了好产品"让市场和市民说了算"。

**启示之二：发展现代农业应坚持品质优先，促进农业由数量型向质量型转变。**

从"卖稻谷"到"卖大米"到"卖品牌"，是坚持现代农业品牌、品质、品种"三品"战略的一项举措。品牌是灵魂、是引领，品质是关键、是核心，品种是保证、是基础，三者是统一的整体。上海农业发展已经到了急需塑造一批农业企业品牌，以品牌战略满足人民对优质特色农产品需求的新阶段。推进农业高质量发展，必须坚持品质优先，紧紧围绕提质增效，促进农业增效、农民增收。

**启示之三：发展现代农业应更加注重生态发展，促进农业生产方**

**式向绿色发展转变。**

通过大米品鉴评优活动,松江区多个大米品牌获得了奖项,稻米经济效益实现翻番,这与松江区多年来坚持种养结合、发展生态循环农业的实践是密不可分的。未来,我们要以最严格的食品安全城市为目标,科学安排与城市环境容量承载相适应的农业,不断推广种养结合等绿色生产方式,大力发展循环农业和生态农业,积极推广各类清洁生产技术,形成从农田到餐桌全过程可追溯的农产品质量安全保障体系,使上海成为全国农产品质量最安全最放心的城市。

# 松江区创新完善稻米全产业链保险体系助力绿色高质量发展

近年来,松江区积极发挥"政府+保险"对粮食生产家庭农场的引导和联结作用,聚焦夯实生产基础、化解生产风险、提升生产收益等关键环节,贯通产前、产中、产后各阶段,创新完善了11类保险产品和服务,在全市率先为稻米产业构建了有效的全链条、全要素风险防控机制,覆盖了15万亩粮田,平均每年缴纳保费130元/亩,其中财政补贴80元,农民自缴50元,赔付率达95.4%,为松江大米绿色产业体系的有效形成提供了有力保障。

## 一、以绿色生态为导向创新保险品种,夯实生产基础

在产前阶段,松江区以护地、养地为出发点创新保险品种,筑牢

了稻米生产的绿色生态基础。

**一是全国首创耕地地力指数险**。为引导家庭农场主护地养地意识，2017年，松江区在全国首创了耕地地力指数保险，以五年为周期对耕地地力状态给予指数化测评，凡土壤质量改善提高的，采取"保险赔付"的方式对投保家庭农场给予以奖代补。该保险实施五年来，共计2 393户次家庭农场主参与，自缴保费80元/亩，平均获保险补偿338元/亩，投保耕地的土壤耕作层厚度超17厘米，平均有机质含量从38.8克/千克提升至40.7克/千克。2023年，松江耕地质量评价等级为1.71，相比2018年提升了0.11级。

**二是创新绿肥种植补偿险**。2023年，松江区在耕地地力指数险基础上创新升级，探索推出绿肥种植费用补偿险，结合生态循环耕作制度，以绿肥为保险标的实施以奖代补，保险期结束后，当投保绿肥达到保险规定产量标准时，投保农户将享受绿肥种植费用补偿。目前，松江全区已投保了约3.3万亩绿肥，投保的家庭农场主自缴保费104.97元/亩，获得赔偿137.93元/亩，带来增收共计100余万元，进一步激发了家庭农场主的低碳环保意识。

**三是探索高标准农田设施险**。2023年，松江区探索开展高标准农田设施综合保险试点，明确自高标准农田项目竣工验收合格且一年质保期满之日起10年内，因工程质量的潜在缺陷而造成被保险项目产生物质损坏的，被保险方将按照合同约定享受因修理、加固或重建的费用理赔。目前，全区高标准农田建设投保面积4 142.15亩，各街镇自缴金额约占项目总造价1%，通过市场化机制转移了建成后可能的损毁风险，形成了建、管、护一体的高标准农田长效运行机制。

## 二、以巩固产能为抓手扩大保险范围,化解生产风险

在产中阶段,松江区以系统防范各类生产风险为着眼点创新保险品种,优化要素配置,提升了粮食综合生产能力。

**一是优化升级自然灾害类险种**。针对"松江大米"产量高、抗倒伏性较弱等特点,在全市统一推出水稻种植保险的基础上,松江区结合实际,将保险标的由亩产 500 公斤稻谷提高至 550 公斤,并增设"倒伏险",在遇到台风等灾害天气出现水稻倒伏情况时,参保农户可在原有赔偿基础上,平均增加每亩 100 元的保险金赔偿。同时,为有效应对灾害天气对农业生产带来不可预估的影响,2021 年起,松江区在全市率先推出农业大灾保险,将水稻、蔬菜等主要农作物统一纳入大灾保险范围,当农作物达到 15% 以上损失时认定为大灾发生并启动赔付。目前,农业大灾保险为水稻种植额外新增了 1531 万风险保障,尤其在高温等异常天气造成水稻减产等方面提供了托底性保障。

**二是为农资供应实施托底保障**。为有效应对尿素、复合肥等农资市场价格波动,缓解家庭农场主资金压力,松江区于 2023 年创新推出水稻肥料(期货)价格保险,由保险机构携手期货公司采用"保险＋期货"的金融工具联动模式,运用期货产品进行风险对冲,为肥料(尿素)价格提供托底性保障。该保险实施首年,投保家庭农场主自缴保费 2.7 元/亩,获得赔款 15.77 元/亩,全区家庭农场降低肥料成本 177 万元。

**三是全面守护务农人员人身安全**。针对水稻耕作过程中的雇佣人员劳动强度较高等特点,2021 年起,松江区专门创设了务农人员意外险,提供每人 55.5 万元的人身意外风险保额。目前,该保险已处

理意外伤害事件 85 起,赔偿金额合计约 208 万元,有效分担了生产经营主体的雇工成本。此外,松江区还连续 18 年对全域涉及水稻作业的 900 多台农机提供车辆损失保险,为约 500 名农机手提供每人 52 万元保额的意外身故、伤残、医疗等人身保险。

## 三、以连接市场为目标完善保险服务,提升生产收益

在产后阶段,松江区以构建稻米产销渠道、保障经营主体利益为落脚点,用保险的价格"杠杆"撬动农民增收新空间。

一是创新"保险+订单"联动销售。为进一步健全松江区家庭农场主稻米生产收益保障机制,2022 年起,松江区创新推出"穗优行动"优质稻米收入保险,以"保险+订单"的方式,促进家庭农场、稻米产业化联合体、保险公司三方一体化联动,加速"卖稻谷"向"卖大米"转型,两年来,该模式带动农户增收 810 万元,联合体增收 98 万元。同时,对参保农产品质量安全险且符合绿色生产要求的"松江大米",松江区统一在产品包装上印制"太安农险承保"的字样,提升品牌信任度,促进稻米销售。

二是推动"保险+"金融贷款服务。为破解农业生产经营主体"融资难、融资贵"问题,在市级"政银保担"支农贷款服务项目的支持下,松江区充分了解农业生产经营主体的生产实际情况,依托松江太安农险公司向上海市中小微企业政策性融资担保基金管理中心提供白名单,由银行根据白名单提供优惠贴息贴费贷款。2023 年 7 月,松江农业龙头企业松林食品集团公司成功获得本市首单 3 000 万元的"政银保担"贷款,解决了企业"水稻+生猪"种养结合的资金短缺问题。

**三是保险助推稻菜接茬轮作增收**。近年来,松江区推进将中早熟优质稻与秋冬绿叶菜轮茬种植,为保障农户的"稻茬菜"种植收入,2021年起推出了稻茬秋冬菜收入险,以平均每亩蔬菜收入低于2 100元为保险赔付标准,帮助农户抵御秋冬极端天气下露天"稻茬菜"品质和价格受到的不利影响。目前,农户自缴保费50.4元/亩,平均可获赔保险赔偿102.29元/亩。

下一步,松江区将深入推进保险的金融赋能作用,在建设粮食生产无人农场,发展稻米加工业,实施绿肥养地碳汇交易等领域拓展保险新品种和新服务,在农业生产的全过程、全要素、全链条上真正实现保险的全覆盖。

# 14

# 金山区坚持"五好"做法
# 发展精品农业、品牌农业成效初显

近年来,金山区以规模经营为依托,以利益联结为纽带,着力培育农业产业化联合体,通过统一运行管理的方式带动农户提升生产技术、标准化水平和品牌化销售能力,擦亮了地产优质农产品的"金"字招牌,持续提升了"金山味道"区域公用品牌的带动力、影响力、生命力。目前,金山区共培育鑫品美草莓、稻米、蟠桃、葡萄、水蜜桃、食用菌、番茄、小皇冠西瓜、亭林雪瓜、柑橘等10个产业化联合体,带动核心基地140个,覆盖面积2.8万余亩,约占全区经济作物生产面积的1/4,实现了农业提质增效、农民持续增收。金山区的做法可归纳为"五个好"。

## 一、健全组织统一好

**健全运行机制。**金山区制定产业化联合体经营管理条例和合作规程,引导联合体成员单位通过签订合同、协议或制定章程,按照现代企业制度设立成员大会、理事会、监事会等规范的组织架构,形成紧密型农业经营组织联盟,实现"信息互通、资源共享、技术共促、人才共育"一体化发展。比如,水稻联合体由盛致农副产品公司牵头创立"稻花湾"区域品牌,与132个合作社、12个家庭农场、35户种植大户、69家农户签署订单,种植面积达2万多亩,带动增收超320万元。

**建立责任机制。**各联合体明确不同成员的职责分工,实现资金、技术、品牌、信息等要素融合渗透,提高资源配置效率。比如,龙头企业负责对接市场需求,做好精深加工、产品开发、品牌打造及产品营销;科研院所负责新品种、新技术等的选育开发和技术支撑;合作社负责提供产前、产中、产后的社会化服务;家庭农场、农户负责按照技术规范开展农业生产。

## 二、绿色循环种植好

**推行绿色生产技术。**各产业化联合体注重生态优先,生产过程中都能做到统一测土配方、统一改良土壤、统一农资采购、统一病虫害防治,并建立农产品质量安全追溯系统,纳入市级农业生产作业信息直报平台,确保绿色的农资、农技、农法在各生产基地"手势一致、全程可控"。比如,蟠桃联合体运用推广桃园生草栽培技术,在果树行间种植豆科或禾本科牧草覆盖土壤培肥地力,并使用天敌、性诱剂等生物和物理防治手段,减少化学品投入,使产品更加安全绿色优质。

**构建循环生产模式。**食用菌联合体的龙头企业联中食用菌积极探索农业废弃物资源"稻麦—蘑菇—有机肥"的农业循环生产模式,利用稻麦秸秆、畜禽粪便等农业废弃物三次发酵技术生产食用菌基质,采用工厂化方式栽培双孢蘑菇,每年消耗稻麦秸秆约7万吨、畜禽粪便3万吨,转化生产有机肥10万吨,从传统的全年生产5次双孢蘑菇提高至全年生产11次,在改善生态环境的同时,帮助菇农实现增产增收。

### 三、科技支持研发好

**加强科技带动能力。**金山区支持农业产业化联合体加强"产学研"一体化发展,先后成立了2个院士工作站、10个专家工作站和84家乡村振兴科技支撑行动示范基地,不仅畅通了技术研发到农业生产的"最后一公里",也使科研院所与联合体形成了基于共同利益的稳固合作机制。比如,通过与市农科院开展技术共建,番茄联合体成立了"上海金山区番茄研发中心",种植新优番茄品种达26个,辐射带动13家生产主体提高生产技术,带动70名农户增收致富。

**着力推动标准化生产。**金山区利用与市农科院的合作资源,成立了金山农业产业化联合体标准化专家组,引导各主体推进标准化建设,先后制定了葡萄栽培技术企业标准、葡萄果品分级地方标准、蟠桃生产团体标准等,明确了外形、重量、品质等各种参数,并在田间作业管理、投入品使用、机械操作等方面采用标准化管理机制。同时,各联合体聚焦优良品种,如葡萄以醉金香、夏黑和巨峰为主,蟠桃以油蟠桃和玉露为主,草莓以章姬和红颜为主,稻米以南粳46和沪软1212为主,既有利于标准化生产,又能形成具有市场竞争力的拳头产品。

### 四、连接市场销售好

**政府助力搭建平台。**金山区相关职能部门切实发挥牵线搭桥作用,联系中心城区的政府机关、企事业单位、金融机构等定期进行农产品地推展销或设立销售专柜;开发"金山食佳"小程序,为联合体量身定制各类提货券和储值券,搭建直播平台,组建粉丝群开展团购活动,实现点对点配送,从线下引流到线上。同时,支持各联合体统一打造"金山味道"区域公用品牌和产业品牌,将特色产品系列包装统一设计视觉标识,并依托各类农业节庆活动扩大金山品牌农产品的知名度。

**构建多元营销网络。**各联合体根据自身产品特色的优势,因地制宜开拓销售渠道,构建了多元化的营销网络,缩短从田间到餐桌的时空距离,做到优质农产品"当天、当季、当地"24小时直供。比如,亭林雪瓜联合体携手当地驻村指导员,对接各类机关和企事业单位食堂,根据各家合作社的产量情况排班轮流开展地推;鑫品美草莓、小皇冠西瓜联合体常年在徐汇、长宁、普陀等中心城区的大型商圈设置销售点,并与东方购物、叮咚买菜等电商平台建立合作关系,线上线下同步营销;柑橘联合体融入农文旅联合发展的理念,通过小红书、车友会、亲子游等渠道把顾客吸引到当地,实现农业和旅游收入双丰收。

### 五、金融护航服务好

**信贷支持破解融资难题**。区农业农村委指导联合体建立信用体系,依据信用评价鼓励金融机构对联合体成员发放无抵押贷款。同时,区内金融机构积极创新产品,拓宽贷款抵押担保物范围,简化贷款手续,统一核定授信额度,实现分户使用、灵活借贷。比如,交通银行金山支行面向种植业合作社、农业企业分别推出了"神农e贷""政银保担贷""普惠e贷"等产品,有效解决了经营主体的融资问题。2023年,全区各类经营主体共享受贷款贴息贴费总资金1 830.24万元。

**保险创新消解后顾之忧**。金山区率先开发了农业产业化联合体"一体一策"专属保险,包含了气象指数保险、价格收入保险等险种,帮助龙头企业、核心基地实现生产要素整合共享。比如,创新开发了蘑菇订单价格指数保险,为买卖双方提供市场价格风险保障,当市场价格相较订单价格下跌或上涨时,根据对应的跌幅或涨幅计算赔付金额,分别赔付给订单的买方和卖方,保障双方利益,有效减少市场价格波动对订单合同履约的影响。截至2023年底,已累计为13 580万元的蘑菇订单销售额提供了风险保障,简单赔付率105.29%。

下一步,金山区将深化农业产业化联合体的标准化建设,规范"金山味道"品牌管理,实现一产业、一标准、一品牌,健全农业社会化服务体系,大力培育高素质农民和农业职业经理人,吸引"农二代"和青年人才薪火相传接班创业,做大做强产业化联合体,实现金山农业高质量发展。

# 金山区持续创新农业农村保险为国家乡村振兴示范区（县）建设保驾护航

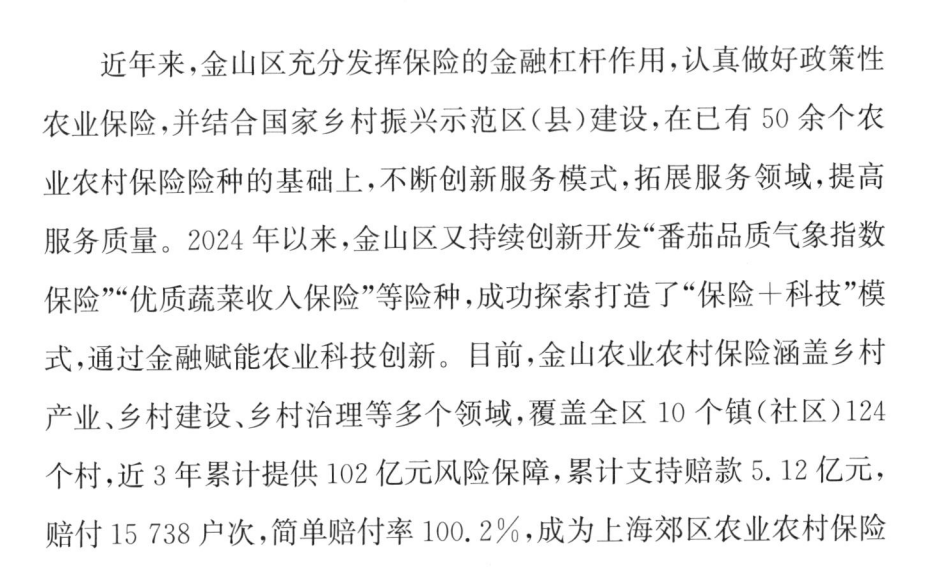

近年来，金山区充分发挥保险的金融杠杆作用，认真做好政策性农业保险，并结合国家乡村振兴示范区（县）建设，在已有50余个农业农村保险险种的基础上，不断创新服务模式，拓展服务领域，提高服务质量。2024年以来，金山区又持续创新开发"番茄品质气象指数保险""优质蔬菜收入保险"等险种，成功探索打造了"保险＋科技"模式，通过金融赋能农业科技创新。目前，金山农业农村保险涵盖乡村产业、乡村建设、乡村治理等多个领域，覆盖全区10个镇（社区）124个村，近3年累计提供102亿元风险保障，累计支持赔款5.12亿元，赔付15 738户次，简单赔付率100.2%，成为上海郊区农业农村保险创新险种最多、覆盖面最广的地区,为全区实施乡村振兴战略筑基垒台。

## 一、立足提升农业现代化水平,助力擦亮金山特色农业"金名片"

### (一)探索"保险＋联结机制",助力产业联合发展建设

金山区加快推进农业转型升级,目前已打造了10个农业产业化联合体,以品牌农业引领农业高质量发展。为更好地促进乡村产业深度融合发展,金山区开发了农业产业联合体"一体一策"专属保险。

比如,创新开发了蘑菇订单价格指数保险,为买卖双方提供市场价格风险保障,当市场价格相较订单价格下跌或上涨时,根据对应的跌幅或涨幅计算赔付金额,分别赔付给订单的买方和卖方,保障双方利益,有效减少市场价格波动对订单合同履约的影响。2023年累计为1.36亿元的蘑菇销售订单提供风险保障,简单赔付率105.29%。

又如,创新开发"番茄品质气象指数保险",将影响番茄品质的最主要的三个气象条件,即日照时长、降雨量、温度三项纳入保障责任,通过创新险种助力番茄高品质生产,促进金山区番茄产业从"满足量"加快转向"提升质"。预计当年可为本区2 500亩高品质番茄提供7 500万风险保障金额。

### (二)打造"保险＋科技应用"模式,助推农业生产现代化

金山区积极推进科技赋能风险减量服务,创新开发科技应用保险,推动农业创新与产业升级,为农业高科技生产增添"保险"。

比如,针对稷青科技(京东方)"智慧大棚"技术推广开发"优质蔬菜收入保险",将应用农业科技进行蔬菜种植的产量风险及上市后的价格风险纳入保险保障范围,并联手农商行等银行通过"政银保担"四方机制解决高新技术企业融资需求,同时与科技公司开展智慧农业生产管理数据深度合作,为优质蔬菜生产提供全过程风险管理服务,实现农业保险精准投保、精准理赔,推动蔬菜种植从"经验种植"到"智能种植"的跨越。预计当年可为 500 亩优质蔬菜 1 150 万元产值提供风险保障。

又如,创新无人农场综合金融方案,开发"无人农场"保险,将农机设备面临自身标的损失风险、生产作业和管理人员存在人身意外风险、农机设备场内运作时可能导致的第三方人身或财产损失责任风险等三大风险"三合一",纳入统一保障范围,为"无人"场景作业下的风险提供保障支持。同时,针对智能农机的损失维修,提供保险赔付直接到维修厂家的服务模式,农业经营主体"提机即走",无需"自掏腰包"。目前已为全区 6 家无人农场经营主体共计 1 万亩种植面积提供超过 1 300 万元的风险保障。

## 二、立足提升和美乡村建设水平,助推打造金山宜居宜业"好家园"

### (一)引入"保险+示范创建",提升乡村环境整治效果

金山区在"洁美乡村"建设行动中,创新了"洁美宅基户"创建责任保险,以评分制方式考核评价示范户创建整治效果,并按照考评结果计算示范户保险补偿,通过保险的正向激励机制,完善"政府+保

险+村民"人居环境提升新机制,充分调动农户参与创建的积极性和主动性。在创评过程中,充分发挥保险机构专业化服务优势,依托保险公司的三级服务网络,借助村级党群服务站点和农村党员骨干力量,以网格化为队伍,以标准化为抓手,以信息化为手段,开展示范户创评服务,提升创评效率和效果。这一保险项目实施期两年,2024年已带动全区38 379户农户成功创建"洁美宅基户",2025年将覆盖全区8万农户。

**(二)用活"保险+管控服务",助力乡村建设长效管理**

金山区加强乡村振兴示范村建设长效管护工作,探索引入全生命周期风险管理模式,在项目创建初期即嵌入管护综合保险,以工程质量安全预防服务为抓手,保证项目设施创建质量。同时,在后续设施管护过程中,通过管护综合保险承担日常管护中存在的各类风险及由此产生的管护费用投入,保障贯穿各类设施整个使用周期,减轻农村集体经济组织日常管护成本。目前,该保险创新模式已在吕巷镇太平村乡村振兴示范村创建过程中试运行,承担各类管护项目保障金额150万元,为示范村创建及创后管护提供长效管理和风险补偿机制。下阶段,该保险将在试点基础上向其他镇村辐射推广。

**(三)引入"保险+农田管护",保驾高标准农田建设**

为进一步提高农田工程建设管护质量,破解"重建轻管"难题,金山区创新建后管护管理模式,开发推进农田基础设施管护保险,将保险赔付与管护工作成效的考核评分相挂钩,引入第三方专业机构进行考核评分,根据不同的考核结果计算农田基础设施管护投入费用的补偿金额,通过保险赔付的杠杆效应,拉开农田基础设施管护投入费用的补偿差距,做到奖优限劣,通过正向激励机制充分调动各镇村履行农田基础设施管护职责的积极性,确保管护工作提质增效。2023年全区有8个镇(社区)投保,保障农田基础设施面积24.42万亩;2024年全区实现全覆盖,保障农田基础设施面积29.57万亩。

## 三、立足提升基层社会治理水平,助阵构建金山和谐稳定"新格局"

### (一)细化"保险+综合帮扶",实现困难群体精准帮扶

金山区在推进新一轮农村综合帮扶工作中,优化帮扶人群和帮扶模式,在原有基础上再次创新开发针对生活困难农户的城乡居民养老保险补贴帮扶和居住环境改善帮扶等两个保险帮扶方案,该帮扶保险项目已于2024年6月正式落地,将有效缓解生活困难人员养老金缴费能力不足,以及由于缺乏劳力人居环境整治工作动力不足的堵点、痛点。同时,金山区在"帮扶到户"的基础上计划增加"帮扶到村",已创新开发了综合帮扶救助责任保险和重点扶持村集体经济收入保险,形成科学有效的"政府救助+保险保障+村民自救"农村综合帮扶保障体系。综合帮扶救助责任保险为村集体组织由于自然灾害、意外事故、疾病等各类原因以及因农业生产投入、人居环境整治等情况导致生活困难农户的经济救助提供保险保障。重点扶持村集体经济收入保险则针对由于自然灾害、意外事故等原因导致村集体经营性收入减少提供保险保障。目前,新一轮农村综合帮扶保险覆盖全区124个帮扶村、近1万名生活困难人员。

## (二)规划"保险+集体资产",服务集体资产保值增值

围绕农村集体资产清理盘活、保值增值的需求,金山区在农村集体资产经营管理领域探索研究引入保险机制,通过"保险+科技+服务",为农村集体资产提供全生命周期的风险保障产品和保值增值风险管理服务。拟通过村集体经济收入保险、集体资产经营权流转履约责任保险、集体资产财产损失保险等,为农村集体资产经营管理构筑"安全盾"。同时,通过搭建金山区农村集体资产数字化地图,通过"一图建设、一库建设、一码赋能",可视化呈现各项集体资产基本信息、地理位置和风险状况,实现农村集体资产监管数字化、资产可视化、预警智能化的目标。

下一步,金山区农业农村和保险部门将继续加强协作,更好发挥农业保险"防火墙""安全网"作用,推动现代农业更有特色、乡居环境更具魅力、农民生活更加美好,走出一条超大城市农业农村保险助力乡村振兴的新路子。

# 16

# 上海探索盘活农房资源打造乡村人才公寓

近年来,随着上海城市化进程的加快,以及农民收入的持续提高,越来越多的农村居民选择进城就业和居住,导致不少宅基地房屋处于闲置状态。鉴于此,浦东新区张江镇、大团镇,奉贤区四团镇等地发挥毗邻科学城、自贸区的区位优势,结合宜居宜业和美乡村建设,盘活农民闲置房屋打造乡村人才公寓。既缓解了青年白领"居住难"的老问题,又为农民增收找到了增长点,也是贯彻党的二十届三中全会提出"允许农户合法拥有的住房通过出租、入股、合作等方式盘活利用"政策精神的新探索。

## 一、基本情况

上海盘活农房资源,打造乡村人才公寓始于浦东新区张江镇。

2018年,不少企业反映,随着张江科学城建设发展,不断增长的住房需求和有限的供给空间之间存在巨大缺口。

针对这一情况,浦东新区主动作为,率先在张江镇新丰村将长期闲置的"农民房"改造为长租人才公寓,探索出一条由政府牵头、农民供房、镇企改造三方合力的乡村人才公寓新业态。随后,这一实践得到不断复制,奉贤、闵行、嘉定等区陆续支持引导有条件的村因地制宜盘活闲置宅基房屋建设人才公寓,此举成为上海促进农民持续增收的新渠道。

据调研统计,截至2024年6月底,全市共有浦东新区张江、大团,奉贤区南桥、四团、庄行、奉城、青村,闵行区华漕、浦江,嘉定区安亭、马陆等4区11镇在辖区内的19个行政村开展了这一探索实践(详见附件统计表),共计改造宅基地房屋126栋1 241个房间,建筑面积3万平方米,其中九成以上房间已实现商业化运营。

## 二、主要做法

### (一)坚持集体统筹,经营主体多元

开办乡村人才公寓,村集体经济组织的综合统筹作用至关重要。在自愿、依法、有偿的基础上,村集体与村民签署协议,统一流转宅基地房屋实现集中管理,租期5到20年不等;村集体委托资质良好的社会企业从事房屋修缮改造和对外招租运作,或者自行组建团队负责改造出租和运行管理。这一方式有效保障了村民的财产权益,村集体经济组织也实现了增收。实践中,乡村人才公寓的经营主体呈现多元化的特点。据了解,15个村的人才公寓已运营,其中,3个由

镇属集体企业负责经营,8个委托第三方企业负责经营,4个由村集体经济组织自主经营。比如,浦东新区大团镇与陆家嘴集团合作,选择毗邻自贸区临港新片区的邵宅村打造"乡村工寓",由村集体收储村民的闲置房屋6栋77间,由陆家嘴集团旗下的专业公司负责改造和运营,提供给临港耀雪冰雪世界的员工居住,形成了"企业+村集体+村民"利益联结机制。

**(二)坚持需求导向,农房变身公寓**

为使老旧的农房变身青年人中意的新式公寓,在改造时充分考虑市场需求:一是实现硬件升级。经营企业根据宅基地房屋的建造年代和样式结构进行一对一的设计和修缮,并在确保建筑安全的同时,为每间居室加装卫生间,设置共享厨房、休闲区、娱乐区等功能区域,提供普通单人寝、双人寝、三人寝等多样化住宿选择。二是完善软装配套。公寓配备了密码门锁、全方位24小时监控探头、电子围栏、烟感报警等智能化安全设施以及无线网络等软装配套。三是统一房屋风貌。经营企业尽可能选取相邻的房屋进行流转改造,组团式开发,对房屋风格及所在院落景观进行整体设计提升,既能降低成本,又做到了房屋整体风貌的和谐统一,维护了乡村的自然肌理。

**(三)坚持提升品质,打造人才之家**

经营企业注重在运营维护上加强服务,为青年白领营造"家的感觉"。一是提升安全性。经营企业有针对性地与当地企业洽谈,以整栋包租的方式为企业职工提供住宿,有效防止了无序出租产生的人员结构复杂问题,较好杜绝了各类安全隐患。二是提升舒适性。经营企业联合村委会共同完善绿地公园、篮球场、村卫生室等公共场所,为年轻白领提供良好的居住和休闲环境,引导他们与村民互动,成为乡村振兴的参与者。三是提升便捷性。在方便周边产业园区职工居住的同时,经营企业还增加了相应的物业服务,便利就学就医、居住证办理、快递收纳等服务,用于解决园区高级管理人员及白领生活配套的问题。比如,奉贤区四团镇五四村利用靠近临港氢能示范园、特斯拉超级工厂等地理优势,由村集体经济组织统一盘活5栋41间宅基地房屋,打造"五四人家"人才公寓。同时,在周边配套建设文化休闲一体化设施。五四青春水岸商业街为入住的企业员工日常生活所需提供便利;由村民闲置宅基房改建而成的"乡村里"综合体(稻香书舍、盐文化展示区、非遗展示区、多媒体共享会议空间等)提供了对标城市生活品质的要素配置,较好满足了入驻企业员工对优质生活的追求。

## 三、取得成效

调研显示,盘活农民闲置房屋打造乡村人才公寓的做法实现了多赢,为城市和农村架起了桥梁,实现了城乡融合"双破题、双提升"。

### (一)城市人才安居和农民持续增收"双破题"

对年轻白领来说,乡村人才公寓单间的月租金明显低于市场价格,其所在公司与公寓经营企业建立合作关系,对入住职工给予租房补贴,进一步减少了实际月租金支出。同时,乡村良好的生态环境增加了宜居舒适度,已成为诸多青年上班族的热门选项。

对当地村民来说,将自家房屋流转后,不仅可以获得可观的租金收入,修缮改造后的房屋质量和外貌都有了显著提升,也带动了房屋增值。据统计,近郊的人才公寓项目平均每栋可使村民增收10万元,远郊的租金在5万~6万元。同时,人才公寓所需的物业服务也为村民提供了就业岗位,增加了工资性收入。此外,签约村民还得到未来的收益保障,村民签订的协议中,将租金怎么增长、未来动拆迁了该怎么办等关心的问题写得一清二楚,使他们吃下了"定心丸"。

**(二)农村人居环境和乡村发展活力"双提升"**

乡村人才公寓有效带动了所在村庄道路、河道、绿化等软硬件的整体提升,原住村民宅前屋后美化庭院的意识得到增强,村庄外围脏乱差的现象得到有效遏制。同时,不少村以此为契机打造集食宿餐饮、旅游休闲、文化体验等功能于一体的"乡村综合生活圈",村庄的软硬件环境得到了提升。

人才公寓在城乡要素的双向流动方面发挥了桥梁纽带作用,土地、资金、人才等要素的价值得以开发和彰显。特别是入住的"新村民"与当地的原住民从陌生逐渐变为熟悉,农村宅基地"三权分置"改革实践得以深化,城乡融合的步伐不断加快,农村公共服务的能级不断提升,城市的温度、乡村的温情得到充分展现。

总体上看,盘活农村闲置宅基地房屋打造乡村人才公寓,既是应对超大城市外来人才住房需求和城市居住用地稀缺矛盾的一次实践,也是推进乡村全面振兴的一项探索,为农村"三块地"改革提供了可参考的案例。下一步,上海将按照党的二十届三中全会的有关精神,继续稳慎引导盘活乡村"沉睡的资源",进一步拓展乡村人才公寓的供给主体,挖掘供给潜力,支持郊区农村因地制宜布局商业网点、社交空间、交通出行等公共配套设施,使改革的"盆景"变成美丽的"风景"。

附件:上海涉农区利用农房建设人才公寓情况统计表

附件

## 上海涉农区利用农房建设人才公寓情况统计表

（至 2024 年 6 月底）

| 序号 | 区 | 公寓名字 | 所在地 | 建设面积（m²） | 公寓数量 合计 | 公寓数量 已运营 | 公寓数量 在建中 | 出租期限 | 农民收益情况（万元/年·栋） |
|---|---|---|---|---|---|---|---|---|---|
| 1 | 闵行 | 鹭山公寓 | 华漕镇鹭山村 | 4200 | 21栋210间 | 21栋210间 | / | 6年 | 12 |
| 2 | 闵行 | 合家欢公寓 | 华漕镇王泥浜村 | 1000 | 5栋75间 | 5栋75间 | / | 6年 | 18 |
| 3 | 闵行 | 浦江云宿公寓 | 浦江镇立民村 | 680 | 4栋51间 | 1栋9间 | 3栋42间 | 10年 | 11 |
| 4 | 嘉定 | 壹号湾小院公寓 | 安亭镇星明村 | 1800 | 12栋108间 | 12栋108间 | / | 5年 | 8 |
| 5 | 嘉定 | 选调生之家公寓 | 马陆镇北管村 | 500 | 2栋10间 | 2栋10间 | / | 5年 | 6.3 |
| 6 | 奉贤 | 星公寓 | 南桥镇华严村 | 8000 | 33栋213间 | 28栋199间 | 5栋14间 | 6年 | 5 |
| 7 | 奉贤 | 六里小筑公寓 | 南桥镇六墩村 | 700 | 1栋22间 | 1栋22间 | / | 10年 | 15 |
| 8 | 奉贤 | 海融公寓 | 奉城镇高桥村 | 300 | 1栋5间 | 1栋5间 | / | 5年 | 4 |
| 9 | 奉贤 | 五四村公寓 | 四团镇五四村 | 1871.64 | 5栋41间 | 5栋41间 | / | 15年 | 9 |
| 10 | 奉贤 | 吴房村公寓 | 青村镇吴房村 | 312 | 1栋12间 | 1栋12间 | / | 20年 | 7 |
| 11 | 奉贤 | 未定 | 庄行镇东风村 | 224 | 1栋6间 | / | 1栋6间 | 15年 | 4.9 |
| 12 | 奉贤 | 未定 | 庄行镇汇安村 | 460 | 1栋12间 | / | 1栋12间 | 15年 | 7.5 |

续表

| 序号 | 区 | 公寓名字 | 所在地 | 建设面积（m²） | 公寓数量 合计 | 公寓数量 已运营 | 公寓数量 在建中 | 出租期限 | 农民收益情况（万元/年·栋） |
|---|---|---|---|---|---|---|---|---|---|
| 13 | 奉贤 | 未定 | 庄行镇杨溇村 | 168 | 1栋5间 | / | 1栋5间 | 15年 | 4 |
| 14 | | 未定 | 庄行镇潘垫村 | 728 | 2栋20间 | / | 2栋20间 | 20年 | 13 |
| 15 | 浦东 | 张江乡村人才公寓 | 张江镇新丰村、环东村 | 3 162 | 15栋188间 | 15栋188间 | / | 15年 | 10.49 |
| 16 | | 中心人才公寓1 | 张江镇中心村 | 376 | 3栋40间 | 3栋40间 | / | 5年 | 4.67 |
| 17 | | 中心人才公寓2 | 张江镇中心村 | 2 501 | 10栋129间 | 10栋129间 | / | 5年 | 9.5 |
| 18 | | 耀飞公寓 | 张江镇劳动村 | 319.95 | 2栋17间 | 2栋17间 | / | 5年 | 5.54 |
| 19 | | 乡村工寓 | 大团镇邵宅村 | 2 599.49 | 6栋77间 | 6栋77间 | / | 5年 | 11.17 |
| 合计 | | | | 29 902.08 | 126栋1241间 | 113栋1142间 | 13栋99间 | — | — |

# 嘉定区马陆镇农村集体经济布局"产医融合"新赛道探索高质量发展新路径

近年来,嘉定区马陆镇瞄准我市推进产医深度融合和生物医药产业发展的双重机遇,依托首批试点"上海市产医融合创新基地"的综合优势,将农村集体经济组织的基因"植入"其中,通过投资建设上海械谷产业园,摆脱了长期"吃瓦片"的路径依赖,在稳定收益和市场风险之间找到了平衡点和最优解,走出了一条农村集体经济与高新技术产业合作发展的新路径。

**一、顺势而为,解决了"没有方向怎么办"的问题**

为走出传统农村村级集体经济发展以土地、厂房租赁为主的旧模式,破解"五违四必"整治和"198地块"减量化后农村集体经济发展动力不足的问题,马陆镇科学引导镇村集体经济,主动融入嘉定区打造高性能医疗设备及精准医疗千亿元级产业的发展战略,为集体经济高质量发展瞄准了目标和方向。2022年起,马陆镇政府组织镇村集体经济组织、镇集体企业、区属国有企业与瑞金医院四方紧密合作,共同打造上海"械谷"创新医疗器械产业园。2023年,首发地块完成建设,建筑面积6万平方米,开园一年多来,产业园先后引进了瑞金医院创新中心工作室、医用机器人研究所、医学芯片研究所、"瑞金一术锐手术机器人培训中心"等7个研究所和联合实验室,逐步形成了集"产、医、学、研、检、证"为一体的产医融合创新产业综合体。

## 二、组团发展,解决了"势单力薄怎么办"的问题

考虑到村级集体经济体量小、能级低的现状,马陆镇坚持以富村带弱村,强化镇村联动、村村联合的"抱团取暖"发展思路,打破资源、格局、专业等方面的局限性,把村里长期"躺"在账上的资金利用起来,以此提高集体经济组织收益率。为此,马陆镇将15个镇、村集体经济组织联合起来,共同成立上海畅业投资置业有限公司,并与上海马陆资产经营有限公司及区属国有企业共同投资7亿元建设"械谷"产业园,其中,集体经济组织股权占比80%,有效盘活了村级存量资金。2024年,"械谷"产业园租金收入2586万元,5年后租金年收入预计可达4000万元。通过组团发展,马陆镇有效地解决了部分村产业发展水平低、市场竞争力弱的发展难题,保障了镇村集体经济组织的投资收益稳步增长。

### 三、专业运营，解决了"人才匮乏怎么办"的问题

生物医药产业专业性强，对相关从业人员的综合素质要求高，传统的集体经济经营者难以胜任这一行业的发展工作，亟须引入经验丰富的运营团队。对此，马陆镇力推让专业的人做专业的事，由长期专注于科创项目招商运营的上海嘉定新城科创发展有限公司成立的械谷（上海）企业发展有限公司独立运营，镇村集体经济组织则负责好集体资金资产的监管。为做好运营服务，公司除了设置常规的物业管理科之外，还创新设立了产业发展科、政策法规科和品牌推广科。产业发展科负责项目和资源对接；政策法规科负责知识产权保护、股权分配、投融资到组建团队等全流程的服务；品牌推广科负责策划筹办创新前沿论坛，持续扩大品牌影响力。目前，"械谷"运营公司通过不断完善产业创新生态链，形成了"医生做链主、企业做链心、政府做链长、园区做合伙人"产医融合发展新模式。

### 四、水涨船高，解决了"缺乏增长机制怎么办"的问题

面对新风口、新赛道，马陆镇紧跟发展趋势，整合资源、大胆创新，做大做强生物医药产业园"物业经济"，努力实现强村富民的良性循环。目前，上海"械谷"创新医疗器械产业园总规划面积为3 300亩，马陆镇通过持续招大引强，打造一流营商环境，将优质服务转化为发展动能，已有近30家高端生物医药类企业入驻园区，包括术锐（上海）医学科技有限公司、长三角国智（上海）智能医疗科技有限公司、上海博恩登特科技有限公司等行业龙头企业。2024年，园区入驻

率达60%,完成税收1 000万元,实现营收2亿元,80个优质项目正在洽谈中;到2025年,预计园区入驻率可超70%,完成税收1 500万元,实现营收3亿元。预计未来几年,租金单价有望随着产业园的日臻完善而"水涨船高",形成农村集体经济稳定增长机制,共享发展红利。

嘉定区、镇两级政府主动作为,坚持把发展壮大集体经济作为促进农民持续增收的动力引擎,用新质生产力为集体经济插上高质量发展的"翅膀"。"械谷"产业园建设模式,为政府部门在推动集体经济高质量发展方面提供了诸多启示:

**一是高度重视集体经济,分享发展机遇。**做大做强农村集体经济,推动农村集体经济高质量发展,需要集体经济深度融入区域产业规划与政策,政府应立足经济效益与社会效益,在重大项目推进中有意识地带领集体经济发展。为集体经济发展创造并提供机遇,为集体经济孵化出可持续"生蛋"的"母鸡",让集体经济参与共建、实现共享。

**二是主动承担组织角色,主动统合资源。**农村集体经济资源资产相对分散,只有有效组织、抱团发展才能创造发展条件,提升发展能级。嘉定区、镇两级政府主动作为,承担了农村集体经济资源整合的组织者角色,强化镇村联动、村村联合,为集体经济参与"械谷"建设运营提供了条件。此外,政府还推动集体经济与区属国有企业、瑞金医院等优势主体的合作,为集体经济发展找到可以依靠的伙伴,充分利用不同主体优势,带动集体经济发展。

**三是积极推动多元发展,助力经营提升。**拓展集体经济发展路径、提升集体经济经营能力,增强集体经济发展活力,需要政府积极作为。嘉定区、镇两级政府通过"械谷"项目,破解了集体经济对"瓦片经济"的依赖,推动集体经济进入"产医融合"新赛道,参与新质生产力发展领域。政府应立足上海"五个中心"建设、乡村振兴、加快发展新质生产力等重大战略,推动集体经济顺势而为,助推集体经济多元发展,集体经济也可大有可为,成为推动经济高质量发展的重要力量。

**四是不断完善分享机制,稳定农民收益**。推动农村集体经济高质量发展应以稳定农民收益增长为前提,政府应在促进集体经济稳定与发展之间有更多的思考,要通过创新更好地应对不确定性,实现集体经济发展的稳定。在"械谷"项目中,通过收益分享机制,稳定了集体经济和农民的收益,为集体经济发展注入长期动力,使集体经济可以有效分享新经济发展与创新经营的成果。

总之,推动农村集体经济高质量发展,离不开政府立足"四个角色"的主动作为:**要当好带领者的角色**,为集体经济发展提供机会,实现集体经济与区域的同频发展;**要当好组织者的角色**,对集体经济资产资源进行组织,强化集体经济与优势主体合作,实现集体经济抱团发展;**要当好推动者角色**,推动集体经济立足重大战略与产业趋势顺势而为多元发展,实现经营能力提升;**要当好稳定者的角色**,平衡好集体经济发展与稳定的关系,以前瞻的预见与创新应对外部环境冲击,实现农民收益的稳定增长。

# 18

# 关于分类促进农民持续增收问题的调研

---

促进农民持续增收是实施乡村振兴战略的出发点和落脚点,但同时,促进农民增收又是一项十分复杂的系统工程。上海的农民增收虽然位居全国前列,但平均数并不一定能代表大多数。上海农民收入有三个特点:**首先**,城乡居民收入差距依然明显,2023年城乡收入比仍然在2.08;**其次**,低收入人口主要集中在农村地区,农村地区低保边缘人口占全市总数的79.5%;**再者**,农村居民收入结构性差异较明显,特别是老年农民主要依赖于养老金为主的财政转移。因此,**新形势下**,促进上海农民增收必须针对不同群体和收入结构,分类施策。研究认为,应从五个方面下功夫。

## 一、导入优势产业，在提高从业人员收入上下功夫

产业兴旺是乡村振兴的首要任务，提升产业能级、导入优势产业，是农村从业人员提高收入的主要路径，也是赶超城市居民收入的长远之计。

**首先，乡村要发展现代农业来提高劳动生产率。** 目前，我市农业劳动生产率为 4.6 万元/人，不及全市全员劳动生产率的 1/7，也明显低于浙江（11.4 万元/人）和江苏（7.9 万元/人）。对此，我委将认真贯彻落实市政府关于设施农业和农业科技创新等文件要求，通过提高科技化、设施化、组织化水平等措施促进农民增收。经测算，若采取上述措施，并结合每年一产从业人员减少 3 万人的趋势，2027 年全市农业劳动生产率将达 8.3 万元/人，在 2023 年基础上可拉动农民经营性净收入增长 20%。目前，松江区通过科技赋能家庭农场，全区农业劳动生产率已达 13.8 万元/人。

**其次，广阔的农村空间要导入新兴业态。** 上海市承包地流转率已达 92%，绝大多数就业年龄段的农村居民主要靠非农就业获得收入。对此，我委将加强农业农村领域投资招商力度，并会同市规划资源局等部门落实"点状供地"实施意见及操作细则，探索农村低效建设用地就地、就近实现高效利用模式，促使更多新产业、新业态布局在乡村，通过为农村居民提供更多高质量的就业机会来提高农民收入。

## 二、发展新型农村集体经济，在提高收益分配水平上下功夫

上海农村集体经济产权制度改革起步较早，全市共有 48 家镇

级、910家村级集体经济组织开展成员收益分配,但人均分配额约1 100元(仅为北京的1/4),收益分配对财产性收入的贡献也低于苏州等长三角城市。据测算,如果集体经济人均分配额翻一番,在2023年基础上可拉动农民收入增长约2.8%;如果达到北京现有水平,则能拉动农民收入增长约8.5%。

**一是探索农村集体收益分配机制改革。**在金山区、崇明区率先开展农村集体经济组织收益分配改革试点。对集体经济组织成员按现有成员和仅享受收益分配成员进行分类管理,对集体经济产权制度改革前和改革后形成的经营性资产进行分阶段确认,并在此基础上优化不同类型成员的收益分配机制。同时,对非集体经济组织成员建立收益分配权退出机制。改革试点成熟后在面上推广,由此解决收益分配"公平而不公正"的问题。

**二是推动镇级集体经济组织收益分配。**全市镇级集体经济总资产占全市总资产63.2%,经营性资产占全市76.3%,但2024年全市仅有48家镇级集体经济组织进行了收益分配,分配额仅占全市的1/5。对此,重点推动建立镇级集体经济组织收益分配机制,督促具备分配条件的镇级集体经济组织明确分配机制,开展收益分配。

**三是深化农村集体资产产权交易。**截至2024年10月底,全市农村产权交易市场完成交易总金额达88.52亿元,其中集体经营性资产使用权交易金额超过六成。据测算,全市开展农村产权交易以来,交易额不断攀升,2023年同比增长93%,2024年预计同比增长可超过500%;通过竞价交易的集体资产租赁价格挂牌溢价率为30%。目前,集体资产使用权公开交易总量占比还比较少,若持续扩大公开交易量,集体资产将有较大的增值空间,对收益分配的拉动作用显著且直接。

此外,我们将进一步厘清村"两委"与村级集体经济组织的收支边界,减少因村委会运转经费占用集体经济收益由此挤兑集体经济分配空间的现象。

### 三、盘活农房资源,在提高老年农民获得感上下功夫

全市农村地区老龄化现象突出,本地户籍60岁以上农村居民占64.3%,尽管全市城乡居保养老金水平在全国遥遥领先,但持续依赖财政投入实现增长的空间有限。宅基地房屋是这部分老年农民的最后一块"蛋糕",从老年农民自住房屋的实际使用情况看,空置率超过50%,如果将10%的闲置房屋盘活利用,就能拉动农民收入在现有基础上增长2%。目前,涉农区已探索了多种盘活利用的路径。

**一是通过集体经济或市场主体统一经营宅基地房屋。**可借鉴推广闵行区支持有条件的镇、村统一对闲置宅基地房屋管理、改造、出租的经验。如华漕镇发挥集体经济组织居间服务功能,全面推进"代理经租"+"户管家"管理模式,目前已收储农民房74栋1 129间,村民房屋出租收入提升了30%~50%。

**二是利用宅基地房屋服务农村公共事业发展。**可借鉴推广奉贤区流转闲置宅基房打造养老服务设施经验。奉贤区已建成500家"睦邻四堂间"、6家"青春里"养老社区、3家"椿萱庭"养老社区,增加了农民的租金收入。

**三是依托产业集聚区打造乡村人才公寓。**可借鉴推广浦东、奉贤、嘉定、闵行等区盘活农民闲置宅基地房屋打造乡村人才公寓的经验。如浦东新区张江镇新丰村通过改造并整合村内闲置宅基房屋资

源,每幢宅基房出租可使村民增收约 10 万元/年。

**四是通过乡村运营提升宅基房屋出租价值。**可借鉴推广第三方社会主体在浦东新区惠南镇、青浦区金泽镇开展整村运营经验。如金泽镇岑卜村携手微笑草帽集团开展整村运营,引入民宿、骑行俱乐部、汉服文化体验等新业态,村内一半闲置农房实现出租,聚集了 10 多个品类近 40 家经营主体,近两年村民租金收入年增长 38%。

## 四、激发农民主体意识,在通过劳动实现增收上下功夫

据第七次人口普查数据显示,全市农村常住居民中本地户籍就业年龄段人群就业率为 66.6%。经了解,其余未就业的农村居民,主要受制于就业技能、健康状况等原因,无法实现稳定的非农就业。对此,可鼓励未实现稳定就业农民全面参与乡村建设,通过力所能及的劳动赚取报酬。**比如,**村集体经济组织参与村庄管护运维,或者委托第三方承担管护运维,应以吸纳本地村民从事相关工作为主。**又如,**引导有劳动能力的村民,通过以工代赈方式参与农业农村领域基础设施项目建设等工作,获得劳动报酬。**再如,**继续推广乡村治理积分制,引导农民参与宅前屋后环境整治等乡村治理工作,通过劳动换取积分,领取生活用品或现金奖励。

## 五、综合施策,在防止低收入群体代际传递上下功夫

由于农村地区的教育、医疗、就业等公共服务水平普遍低于城市,需要持续加强农村公共服务供给,促进城乡公共服务均等化,防止农村居民因教育水平、就业技能、健康状况等原因演变为低收入群

体。对此,要不断提高农村教育水平,鼓励引导优质教育资源向郊区倾斜,切实提升农村家庭子女接受高水平教育的机会,增强其就业竞争力。不断提高农村医疗水平,推动高水平医疗资源在郊区乡镇布局落地,提高卫生知识普及能力和医疗服务水平,防止小病变大病,防止因病致困。不断加强就业技能培训,帮助农民实现长期而又稳定的较高水平就业,改变农村劳动力非农就业时高频失业的现状。

城乡融合发展是上海实施乡村振兴战略的必由之路,也是上海国际化大都市发展的必然选择。而城乡融合的重要标志就是不断缩小城乡居民收入差距,实现共同富裕。根据中国社会科学院2022年发布的《中国农村发展报告2022》预测,2035年我国整体城乡收入比会降至1.8,基本实现城乡融合发展。接下来,我们将分类施策,狠抓各项措施的落实,力争用5年左右时间(比全国提早五年),实现城乡居民收入比低于1.8;到2035年,城乡居民收入绝对差值实现由增转减,农村居民可支配收入在长三角城市群中不断进位,发挥国际化大都市的窗口引领作用。

# 奉贤区柘林镇创新探索"椿萱庭"模式打造农村嵌入式宅基养老"柘林样板"

近年来,奉贤区柘林镇针对村庄老龄化趋势及空巢化的现象,盘活利用闲置低效宅基地探索创建嵌入式轻量级养老点"椿萱庭",既满足了农村老人"住得起""住得近""住得惯"的养老需求,又为乡村产业融合发展创造了有效的空间支撑,更为增加农民财产性收入提供了稳定的路径。截至 2024 年 6 月,柘林镇已有 3 个点位的"椿萱庭"投入运营,6 个点位在选址建设中。"椿萱庭"的建设使用满足了宅基老人"不离乡土、不离乡邻、不离乡音、不离乡愁"的养老情结,切实提升了老年农民的获得感、幸福感、安全感。

## 一、打造高品质家门口养老服务,让宅基养老"更向往"

柘林镇开启农村老人"离地不失地、离房不失房"的家门口养老模式,解决宅基地流转后农村老人的安置和养老问题。**以均衡布点构建养老网络**,"椿萱庭"定位为嵌入式轻量级抱团养老点,每个点位总建筑面积为300～500平方米,配置8～10个房间,容纳10～20个老人。所以"椿萱庭"以1～3个村民小组为辐射半径布点,优先考虑宅基户数相对密集、集中养老意愿较高的区域,选取农民宅基房为主要载体,适当考虑合适的公共集体建设用房。**以功能升级带动服务升级**,"椿萱庭"整体打造"六个一"功能配置,即一间房间、一个公共餐厅、一间共享会客厅、一个公共助浴房、一块共建菜地、一处户外活动空间。全屋配有与服务功能相适应的无障碍设施、技防、照明、防滑、紧急呼叫等安全防护措施,以及24小时看护服务。**以多方投入缓解资金压力**,"椿萱庭"用房以农村宅基地为主,每个点位的装修成本在100万元左右;翻修投资在500万元左右。建设和运营成本的资金来源为村集体、老人入住缴纳的基本服务费和镇政府统筹的社会资源(柘中集团已明确为今年首批5个点位的建设提供资金保障)。

## 二、落实高标准多维度保障措施,让宅基养老"更互助"

"椿萱庭"优先保障本村本镇独居、困难、空巢、失独及宅基地流转或集中上楼的老年人就地养老,为其提供"一站式"养老服务。**一是建档备案**。"椿萱庭"将联合镇社区卫生服务中心为每个入住老人建立个人档案。档案内容包含个人基本信息、监护人及联系人信息、基本医疗信息。老人申请入住时,本人与其监护人需与"椿萱庭"签订《柘林镇"椿萱庭"宅基养老点服务协议》。二是**拓宽服务**。根据入住人数配备2~4名工作人员,并整合各类社区为老服务资源,配套睦邻"四堂间",定期开展文娱活动、日间托养服务及助餐服务。如联合镇社区卫生服务中心为每个入住老人建立个人健康档案,定期上门巡诊,心理医生上门关怀,开设转送区市级医院绿色通道等。三是**安全放心**。柘林镇政府联合市场监管部门、消防部门、食安办、安监办等相关部门建立安全管理工作机制。在"椿萱庭"点位建设过程中,要求各部门给予指导建议,制定安全管理制度;每季度对"椿萱庭"进行安全检查,组织工作人员进行急救、消防演练、健康养生等培训。

### 三、赋能集体经济高质量发展,让宅基养老"更实惠"

以"椿萱庭"为平台推动宅基地流转,盘活农民宅基房,促进当地经济、社会"双发展",实现多方共赢。一是**幸福养老有保障**。全镇"椿萱庭"服务费收费标准充分考虑入住老年人的经济收入水平,对比一般福利院2 000元以上的收费标准,柘林镇依据本镇农保老人每月平均1 570元的工资收入,"椿萱庭"制定全镇统一的每人每月1 500元标准,包含住宿、一日三餐及日常照护。同时,盘活的宅基房又让老人获得每年8万元左右的宅基地流转费,较好地保障了老年农民家门口健康养老、快乐养老的需求。二是**产业发展有空间**。住进"椿萱庭"的老人所流转的宅基地,经由产业化利用被打造成为乡村民宿、发展集体经济等新空间。如柘林镇迎龙村以建设"椿萱庭"

为契机，动员村民流转出 15 户闲置宅基房，由村集体统一出租给链家集团打造高品质年轻化"链恋轻舍"民宿。这是集培训、休闲、度假于一体的市郊最大的单体乡村民宿，成为该村发展集体经济新的增长点。**三是就业增收有渠道。**"椿萱庭"为进一步增加入住老人的归属感，同时为村民创造家门口就业的机会，招募的所有工作人员皆为本村 50 岁左右的退休村民，经统一培训后上岗，薪资不低于上海市最低工资标准，是"小老人"照顾"老老人"的生动写实。

# 松江区做强花卉产业
# 服务城市高品质生活

松江区花卉产业历史悠久,凭借良好的地理优势和资源禀赋,成为上海规模最大的花卉生产区和批发贸易市场,在长三角区域有着较高的知名度。近年来,松江区立足市政府"3+X"花卉产业集聚区总体发展定位,重点构建品种创新、技术研发、生产经营、市场流通、社会化服务和花文化六大体系,全区花卉种植面积约6 000亩,占全市花卉种植面积的1/4,亩均产值10万元左右,带动产业链销售额超过6亿元,全市盆栽花卉市场占有率超过30%,在提升农业经济效益的同时,更好地满足了人民群众美好生活需求。

## 一、主要做法

**(一)强化顶层设计,全面推动花卉产业蝶变升级**

充分发挥政府引导作用,改变"老浦南"花卉基地"小、散、乱、差"产业形态,赋能花卉产业集群协同发展。**一是优化规划布局**。推进郊野单元村庄规划和产业规划两规合一,以叶新公路为轴,以五库农业休闲园区为核心,以长三角花卉科创产业园为东片,以新浜花卉乡村为西片,打造规模化、标准化、专业化的花卉产业带。**二是强化用地保障**。预留130亩集体建设用地支持长三角花卉科创产业园发展,用于文创中心、园艺中心、会展中心、人才公寓、花卉直播中心、物流中心等配套建设使用。**三是加大资金投入**。"十四五"期间,花卉产业项目立项10个,市区两级财政投入2.9亿元,撬动社会资本投入7.1亿元,建成拥有32.5万平方米连栋温室和17.6万平方米玻璃温室的高端设施花卉片区。

**(二)发展多元业态,不断满足市民高品质生活需求**

深入挖掘花卉文化,打造"花漾经济"多元业态,服务市民美好生活。**一是建设多功能交易平台**。坚持立足上海、辐射长三角、服务全国、融入国际战略定位,推动建设集花卉贸易流通、仓储冷链、产业服务、休闲体验、创新研发、文化教育、会展服务等功能于一体的花卉综合交易平台。**二是建设家庭园艺服务综合体**。建成全市最大的花园中心"云间·卉谷",占地2万余平方米,涵盖室内植物区、园艺用品区、宠物专区、户外植物区、花园样板区等板块,并配备咖啡餐饮区、会议室、体验教室等配套设施，为市民提供一站式家庭园艺服务。**三是发展"产村融合"的美丽经济**。花卉产业创造了近千个就业岗位，吸纳周边村民参与花卉养护、花卉种植，实现稳定增收。例如，井凌桥村通过集体经营性建设用地入市，提高了集体土地配置效率，提升了乡村产业能级，周边村民户均房租收入提高2万元以上。

**（三）深化沪滇协作，紧密开展"云花入沪"战略合作**

充分发挥云南丰富的花卉资源与上海广阔的市场优势，构建了"上海总部＋云南基地"产销两旺的商业合作模式。**一是强化科技链**。上海市农科院、云南省农科院、昆明市签署战略合作协议，共同成立"花园植物新品种应用专家工作站"，共享科技扶持政策、人才资源、试验推广基地等，推动云花科技成果加速转化。**二是优化供应链**。建立远程交易花卉质量标准，从以产定销到以销定产，整合两地资源优势，共同促进双方花卉产业做大规模、做深加工、做强龙头、做优品牌、做活市场、做好保障等，实现花田到花店"72小时"交付。**三是延伸产业链**。"以花为媒"带动云南丰富的鲜花、咖啡、茶叶、水果等品牌与上海生活方式完美融合。"2025上海年宵花市高峰论坛暨新优品种展示活动"上，展出云花云品40余家，4位百万级花卉自媒体现场直播，吸引粉丝互动8万人次。

## 二、初步成效

**（一）花卉产业能级持续提升**

发展"总部＋外延"基地的模式，形成"周年生产、全年供货"的稳定发展局面,年产菊花种苗 3.5 亿枝,切花 9 000 万枝,占全国年出口总量的 90% 以上,占日本全年进口总量的 45% 以上。发挥上海消费市场优势,充分利用花卉基地中短期生产、加工、仓储的功能,平衡仓储与销售的压力,实现鲜花流通成本降低 30%,损耗率减少 50%,新鲜度提高 30%。

### (二)科技创新载体资源不断丰富

长三角花卉科创产业园花卉种苗繁育中心自主研发花卉种苗繁育技术,取得铁筷子、玉簪等多个品种繁育阶段性成果,年产花卉种苗 1 500 万支。育苗企业虹华园艺公司拥有自主知识产权植物新品种 42 个,国家专利 18 项,保存菊花种质资源 3 000 余份,确定为"首批国家菊花种质资源库"。上海市农科院"服务乡村振兴科技支撑专家工作站"完成挂牌。产业园与上海现代职业教育集团、上海立达学院、上海农林职业技术学院达成校企合作,建立实训基地。

### (三)"花卉+"农文旅融合协同发力

松江花卉产业由单一生产逐渐向集生产种植、观光休闲、科普研学、文化旅游农文旅融合发展转变,涌现出新浜荷花园、牡丹园、八十八亩田、光隐·花隅等观赏景点。通过开发赏花观光、农业科普、研学旅游、精品民宿、花艺培训等活动,实现了农业的一二三产业融合,促进了休闲旅游农业的快速发展,增加了农民收入。

## 三、下一步打算

下一步,松江区将持续聚焦产业优势条件,进一步加强科技赋能,完善基础生产配套设施,提升自动化组织化程度,充分挖掘花卉消费潜力,加大花文化宣传力度,推动花卉产业高质量发展。

**一是持续强化花卉产业科技创新。**开展花卉育种核心技术攻关,研发具有自主知识产权的花卉新品种,丰富自育花卉品种类型数量,培育符合市场需求的高品质、高性能品种。推动"产学研用"深度融合,提高花卉产业核心竞争力,加强花卉生产技术培训和指导,提升从业人员素质。

**二是持续加强花卉产业集群建设。**以都市现代农业建设项目为抓手,聚焦现代设施农业片区和花卉产业集聚区,建设集生产加工、冷链物流、加工配送、产业服务等功能于一体的区域性花卉流动节点和花园中心。加强与部门协调,保障花卉产业全产业链发展的用地需求,推动特色花卉元素与"五好两宜"和美乡村建设等深度融合。

**三是持续推进花卉服务市民生活。**强化品牌打造,完善"卉·圃""卉·家""卉·Mall""卉·科""卉·Show""卉·院"六大子品牌板块,形成全产业链发展格局。推进花卉科创产业园A级旅游景区建设,提升整体环境和硬件设施,增加餐饮住宿、休闲娱乐、文化创意等商业业态。举办以花卉为主题的节庆活动,拓宽消费界面,提供多样化消费体验。